新美肌革命

大人の女性の「素肌」と「心」の磨き方

美容アドバイザー
佐伯チズ

講談社

30代以降のための化粧品リスト

これらの化粧品はひとつの目安。これを使わなくてはならない、ということではありません。「佐伯式」のポイントは、「何を使うか」ではなく、「どう使うか」なのです。

コットン

ローションパックやクレンジングに最適。

全国一部書店とローソン、大型雑貨店で発売中。「白十字」佐伯チズ式スキンケア専用コットン　C(7×16㎝)とS(7×8㎝) 各600円❶

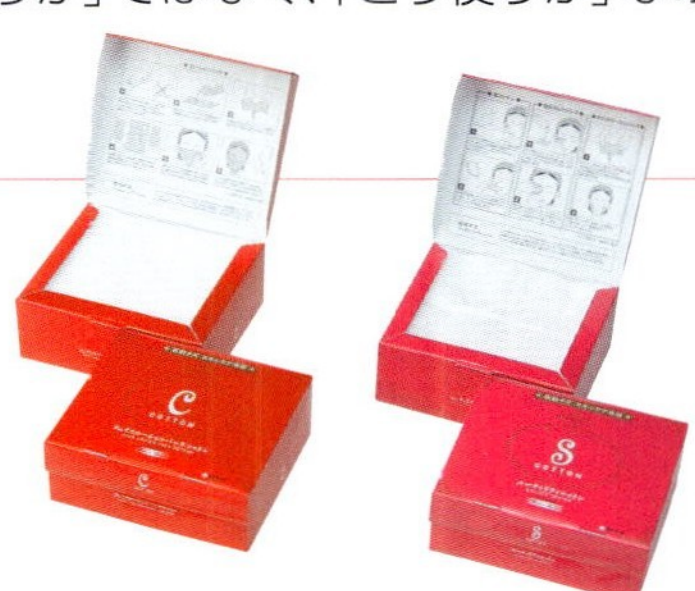

ポイントメイクアップ・リムーバー

唇と目元のメイクは専用のリムーバーで落とします。

ウォータープルーフのマスカラ以外はこれで落とせます。「クラランス」アイ　メイクアップ　リムーバー　ローション　125ml　2700円❷

ポイントメイクは顔全体とは別に、先に落としましょう。「シスレー」ジェントル　メイクアップ　リムーバー　125ml　5800円❸

クレンジング

顔全体のメイク落としは30歳をすぎたらクリームがおすすめです。

使ったあと、しっとり感があります。「パルファン・クリスチャン・ディオール」プレステージ　デマキヤン　200ml　8000円❹

女性らしい花の香りのクレンジング剤。「ゲラン」クレンジング　クリームSP　186.5g　8400円❺

上質の水を使用しています。「ミキモト コスメティックス」ムーンパール　クレンジングクリーム　120g　8000円❻

クラランスは良質で値段もお手ごろです。「クラランス」クレンジング　クリーム　エキストラ　コンフォート　200g　4800円❷

●これらの商品はすべて私が選び購入したものです。●価格はすべて税抜きです(2007年8月現在)。
●各商品のお問い合わせの電話番号は、107ページを参照ください。

スクラブ

1週間か10日に1度はスクラブ洗顔で肌アカを落としましょう。

ジェル状のスクラブ剤。「シスレー」フィトブラン　バフアンドウォッシュ　100g　9000円❸

使い心地がスッキリしています。「クラランス」エクスフォリエイティング　リファイナー　50g　4000円❷

粒子が細かくしっとり感が残るスクラブ剤です。「ゲラン」ジェントルエクスフォリエイター　69.7g　6600円❺

化粧水

佐伯式ローションパックはアルコールの入っていない化粧水を使いましょう。

保水力のある保湿系の化粧水です。「ゲラン」スーパー　アクア　ローション　200ml　8000円❺

毛穴引き締め効果もある美白系の化粧水です。「ゲラン」リファイニング　ローション　エクセレンス　200ml　8000円❺

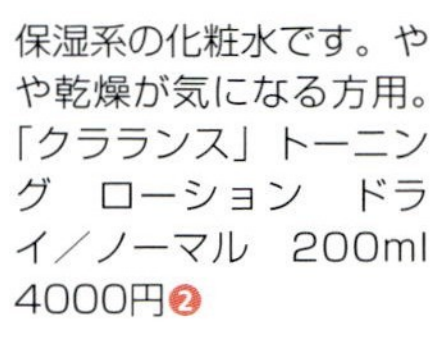

保湿系の化粧水です。やや乾燥が気になる方用。「クラランス」トーニング　ローション　ドライ／ノーマル　200ml　4000円❷

しっとり感のある保湿系の化粧水です。「ミキモト　コスメティックス」ムーンパール　モイスチュアライジングローション　120ml　1万円❻

美容液

日中は美白系、夜は保湿系と使い分けてもよいです。基本は「迷ったら保湿系」です。

うるおいを与える保湿系の美容液です。「ゲラン」スーパー アクア スーパー セロム 30ml 1万8000円❺

植物の力と先端技術を使って肌を再生する美容液。「クラランス」ダブル セーラムG6 フィト インテンシヴ 15ml×2 1万3000円❷

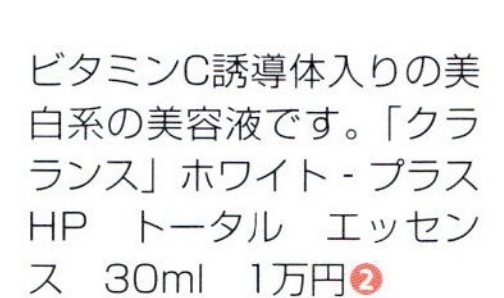

ビタミンC誘導体入りの美白系の美容液です。「クラランス」ホワイト-プラスHP トータル エッセンス 30ml 1万円❷

美白系のジェル状美容液です。「エタリテ」アクティブ ブライトニング フォース 30g 1万2000円❼

ロングセラーの保湿系の夜用美容液です。「エスティ ローダー」アドバンス ナイト リペア 30ml 8000円❽

毛穴と角質に働きかけて、くすみをケアする美容液です。「エスティ ローダー」イデアリスト ポア 30ml 7000円❽

乳液／クリーム

美容液で入れ込んだ栄養分は、乳液かクリームでしっかりとフタをします。

植物成分配合の美容乳液です。「シスレー」エコロジカル　コムパウンド　125ml　1万8400円❸

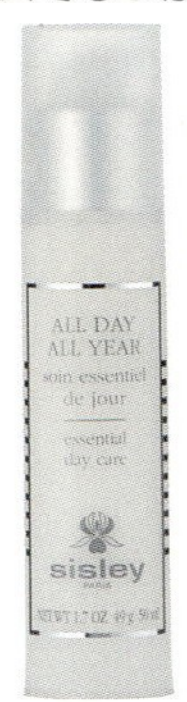

使い心地の滑らかな日中用のプロテクト乳液です。「シスレー」オールデイ　オールイヤー　50ml　3万5000円❸

価格もお手ごろな保湿系のクリームです。「クリニーク」モイスチャー　オン　コール　28g　3500円❾

ホルモンバランスを整える夜用クリームです。「ゲラン」サブスタンティフィック　ナイトクリーム　47g　2万6200円❺

50歳以上の肌向けの保湿系夜用クリームです。「クラランス」スープラ　ナイト　ウェア　50g　1万8000円❷

ネック／アイクリーム

首や目元は専用のクリームでお手入れします。

コラーゲン、エラスチン入りの首とデコルテ専用のクリーム。「ゲラン」サブスタンティフィック　ネック＆デコルテ　クリーム　50g　1万9400円❺

ジェル状の目元用クリームです。「ミキモト コスメティックス」アイトリートメント　LCM　20g　1万1651円❻

目元の保湿用クリームです。「ゲラン」サクセスアイテック　アドバンス　15.1g　1万5800円❺

パック剤

定期的にパック剤やスペシャルケアを取り入れると肌が喜びます。

シミと毛穴をケアする、クレイ状のパック剤。使いきりサイズが便利です。「クラランス」ホワイト - プラス　インテンシヴ　マスク　8g×8個　6800円❷

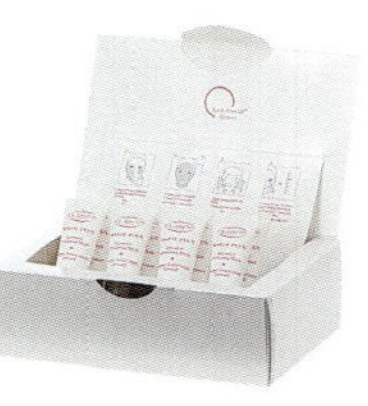

日焼け止め乳液

紫外線ケアは夏だけでなく、一年中することをおすすめします。

さらっとした感触の下地乳液です。「エタリテ」デュアル　プロテクト　フォース　30ml　4000円❼

紫外線吸収剤が入っていないので肌負担が少ない下地クリーム。「ミキモト　コスメティックス」サンプロテクター（紫外線吸収剤フリー）45g　4000円❻

リキッドファンデーション

佐伯式メイクはピンク系とオークル系の2種類のファンデーションを混ぜて使います。

右のゲラン618番と混ぜて使います。しっとり感があります。「ゲラン」イシマ　フルイド　ファンデーションAA（548番　ベージュナチュラル）30ml　1万円❺

左のゲラン548番と混ぜて使うのがおすすめです。「ゲラン」イシマ　フルイド　ファンデーションAA（618番　アンバーペール）30ml　1万円❺

右のエスティ ローダー05番と混ぜて使います。「エスティ ローダー」フューチャリスティック　メークアップ（01番　ソフトアイボリー）30ml　7000円❽

左のエスティ ローダー01番と混ぜて使います。「エスティ ローダー」フューチャリスティック　メークアップ（05番　ペール　アーモンド）30ml　7000円❽

白粉（おしろい）

最後の仕上げは白粉で。うるおいをキープしながら肌表面はサラサラです。

粒子が細かいので毛穴にぴったり収まります。「ゲラン」レ　ヴォワレット　プードル　トランスパレント（1番　透明色）30g　7000円❺

さらりとした使い心地で透明感があります。「パルファン・クリスチャン・ディオール」ディオールスキン　ルース　パウダー（601番　トランスパラン　ライト）25g　6000円❹

アイシャドウ

テラコッタ・カラーをベースにして肌に近い色を選ぶと知的メイクになります。

まぶた全体に使える自然な色合いが魅力です。「M・A・C」スモール　アイシャドウ（テクスチャー）2300円❿

まぶたのキワに入れると知的な目元になる濃いめのシャドウ。「M・A・C」スモール　アイシャドウ（トゥインクス）2300円❿

ピンクを基調にした使いやすいパレットです。「ゲラン」ディヴィノーラ　ラディアントカラーパレット（240番　ベージュ）7200円❺

テラコッタ・カラーをベースにした2色入りのシャドウ。「パルファン・クリスチャン・ディオール」デュオ　クルール（645番　ディオールランド）4500円❹

マスカラ／アイライナー

白目をきれいに見せる深みのあるブルー系がおすすめです。

マスカラといえば「ヘレナ ルビンスタイン」です。「ヘレナ ルビンスタイン」ヴァティジニアス カーラー108WP（03番 ブルーラスター）4000円⑪

まつげに長さとボリュームを出すマスカラのベース。「ヘレナ ルビンスタイン」スパイダー アイズ マスカラ ベース（00番 ホワイト）3800円⑪

きれいな深みのある青緑色のライナー。「パルファン・クリスチャン・ディオール」クレヨン アイライナー（373番 テンポ）2800円④

アイブロウ

眉のベースはブラウンではなくグレーを使うと若々しくなります。

一番グレーに近い色で使いやすいです。「ヘレナ ルビンスタイン」アイブロウペンシル（93番 チャコールグレイ）2800円⑪

黒に近いグレーできれいな色です。「SUQQU」アイブロウペンシル（01番 グレー）ホルダー 2000円、カートリッジ 2000円⑫

黒とグレーの中間色です。「資生堂」マキアージュ ダブルブローライナー（GY901番 ナチュラルなグレー）ホルダー 1200円、カートリッジ 900円⑬

リップライナー／リップグロス

ライナーで輪郭をきちんと描き、グロスで艶を出しましょう。

知的な深みのあるオレンジ色のリップライナー。「パルファン・クリスチャン・ディオール」クレヨン コントゥール レーブル（433番 テラキュートアース）2900円④

テラコッタ・カラーのグロスで唇に艶を。「ゲラン」キスキス グロス（842番 リアルベージュ）3400円⑤

頬紅

おすすめはテラコッタ・カラー。練り紅をうまく使いこなすと便利です。

テラコッタ・カラーのパウダーチーク。「M・A・C」シアトーンブラッシュ（シンシアー）3000円❿

テラコッタ・カラーの練り紅は便利です。「M・A・C」ブラッシュクリーム（シェルシェ）3000円❿

オレンジ色のパウダーチーク。「ゲラン」ディヴィノーラ　ブラッシュ（545番　ブランニュアンス）4800円❺

スック独特の色合い、梔子色のパウダーチーク。「SUQQU」パウダリー　チークス（06番　赤梔子）4000円⓬

口紅

唇だけが浮き上がらないように、自然なテラコッタ・カラーがおすすめです。

茶色系のテラコッタ・カラー。「パルファン・クリスチャン・ディオール」ルージュ　ディオール　アディクト（484番　ルナ　ブラウン）3200円❹

深みのあるテラコッタ・カラーも使いやすいです。「ゲラン」キスキス　リップスティック（549番　マイベージュ）3700円❺

女性らしい少し赤みがかったテラコッタ・カラー。「ゲラン」キスキス　リップスティック（575番　ローズテンダー）3700円❺

はじめに

2004年7月。私は『美肌革命』という1冊の本を、この世に生きるすべての女性に向けて書かせていただきました。

タイトルこそ大仰ではありますが、内容はいたってシンプル。「美肌の定義とは?」「朝晩のスキンケアの目的は?」「肌トラブルの対処法」など、美容関係の方が見たら「何を今さら、初歩的なことを……」とおっしゃりそうなことを、イラストとともにひとつずつ丁寧に解説していったのです。それが結果的に、予想以上の反響をいただくことに。

このとき、私は思いました。

「世の中の女性が本当に知りたかったのは、メイク以前のこと」

「自分の肌とどう向き合い、具体的にどんなお手入れをすればいいかという、基礎の基礎」

「それを知らないから、むやみに化粧品をつけて、自らの手で肌を傷めつけている」

さらに掘り下げていくと、どこに行き着くと思いますか。美の真髄を究めると、最終的には「心」にたどり着くのです。

その証拠に、私のもとに寄せられるお肌の悩みの大半は、人生相談。心にトゲが刺さっていると、それがすべて肌にあらわれてしまう。そして肌に自信がもてないと、心がふさぎこんでしまう。このスパイラルに一度入り込んでしまうと、なかなか抜けることができません。だからまず、心のデトックスをしてほしいのです。

そんな気持ちを込めて、私は今回の『新 美肌革命』に取り組ませていただきました。美容論とは精神論。精神が変わらなければ、生活は変わらない。表情は変わらない。そしてお肌も変わらない。

心のこわばりをとることで体がゆるみ、血行がよくなって体温が上がり、ホルモンバランスもよくなる。結果、肌にも栄養がいきわたってきれいになるのです。

どの世代の女性も、それぞれに悩みを抱えています。

20代での無謀な日焼けや怠慢なお手入れによる肌ダメージに慌てて落ち込む30代。

結婚、出産、子育てなどを経て、ふと自分を顧みたときの肌の衰えに愕然とする40代。

生活習慣や家族の問題が、肌だけでなく体型や表情にも大きく影響する50代、そして60代。

肌の悩みだけでなく、人生においても女性はいくつものターニングポイントを乗り越えていかねばなりません。

でも、自暴自棄になって「きれい」を降りてしまったとたん、まさに坂を転がり落ちるように、心も肌も老化していきます。

年齢に関係なく、魅力的で輝きを放っている大人の女性というのは、身のこなしや話し方、そして生き方から、気品や自信があふれています。

私は20代のころは30代に、30代になったら40代にと、早く大人の女性になりたいと常に思ってきました。ひとつ上の世代になったときの自分を想像し、背伸びをしながら、あらゆることにチャレンジし続けてきました。

定年後、61歳で発表した『美肌革命』の表紙で着用した紅(あか)いジャケットは、実は還暦を迎えたら赤いちゃんちゃんこの代わりに着ようと決めて、54歳のときに買ったクリスチャン・ディオールのもの。そう、真紅のディオールが堂々と着られる60代をめざしていたのです。

女性が年齢を重ねることは、まったく悲観するに値しません。

私は、この本を手にとってくださったすべての方に、「革命」が起きると信じています。まわりの誰も気づかなくてもかまわない。私の願いは、私がみなさんの肌を変えることではなく、みなさんひとりひとりが、自分の意志で変わってくださること。

そう、「自分革命」を起こしてほしいのです。

佐伯チズ

新美肌革命　目次

第1章

「あなた」が変われば、もっときれいになれる

第3章

化粧品との賢い付き合い方

第4章 旅から始まる「心」革命

新美肌革命

―大人の女性の「素肌」と「心」の磨き方

第1章 「あなた」が変われば、もっときれいになれる

40歳をすぎたら
あなたの生き方や価値観、
心のありようが
すべて肌にあらわれます。

美容論は精神論

今から30年以上前、フランスの化粧品メーカー、ゲランで化粧品の販売をしつつ、お客さまのお顔のお手入れをさせていただいていたころの話です。

あるとき私は、半年後に花嫁さんになるという方のお手入れを任されました。今でいうブライダル・エステです。まだ20歳そこそこの未来の花嫁さんは、まさにニキビが花盛り。案の定、「このニキビを何とかしてほしい！」とすがってこられました。

（これはメイクでも隠れないなぁ。でも、何とかしてあげたい。わずか半年か……）

とてつもない難題ではありましたが、私は覚悟を決めました。

「よし！　やりましょう。私は何としても、あなたをきれいにするつもりだけど、あなた自身が本気にならないとダメよ」

そう告げると、さっそく私は1週間ごとのお手入れプログラムを作成したのです。

「この時期は、果物やお野菜を食べるのよ」「生理の前は、新しい化粧品を使わないこと」「挙式の10日前になったら、背中の毛を剃りましょう。お顔は1週間前ね」「このとおりにやれば、大丈夫だからね」

こうして、花嫁さんと私の二人三脚が始まりました。期日が決まっているものだから、「もうちょっと待って」とはいきません。それこそ、ふたりとも必死でした。

3ヵ月がすぎたころ、顔じゅうにあったニキビが、ひとつ消え、ふたつ消え、ついには新しいものが出てこなくなりました。そして半年後。花嫁さんの顔には、もはやニキビの面影すらなく、そこにあるのは、別人のようなきれいな肌でした。

「こんなにきれいに撮れました」「みんながきれいって言ってくれました」「本当にありがとうございました」

後日、このようなメッセージとともに、結婚式の写真が花嫁さんから届いたとき、思わず私の目からひとすじの涙がこぼれました。

私以上に、本人はつらかったと思います。それを乗り越え、願いをかなえてくれたことが、何よりもうれしかったのです。

このとき、私は確信しました。

「肌をきれいにしてくれるのは、化粧品ではなく気持ちなのだ」と。

花嫁さん自身に、「きれいになりたい」という強い意志があり、私にも「絶対きれいにする」という気持ちがあった結果、奇跡が起きたわけです。

化粧品でどうこうしようと考えたり、どちらかが「本当にきれいになれるかしら？」と、心のどこかで疑っていたのでは、この成功はなかったと思います。

私が今、「化粧品に気持ちを入れなさい」「『きれいになって』と唱えなさい」とみなさんにお伝えしているのは、決して思いつきで提案しているのではなく、こういう例をこれまでにたくさん見てきたからなのです。

肌には「心」を読み取る力があります。だから、化粧品を買い換えることを考える前に、まずは心を変えましょう。

改めて考えたい「美しさ」の定義

中学時代、私の憧れといえば、かのオードリー・ヘプバーンと学校の体育の先生でした。その先生はいつも黒いスパッツでビシッと決めて、背筋をピンと伸ばし颯爽と校内を歩いていらっしゃいました。

ただし、顔はというと、決して美形ではないのです。目鼻立ちがハッキリしているわけでもありません。でも、生徒たちの前を風のように駆け抜けていくその姿が何とも魅力的で、先生が目の前を通ると、私はつい立ち止まってポーッと眺めていました。

中学を卒業して京都の高校に通い始めたころ、今度は当時京都にあったリプトンという喫茶店で、衝撃的な出会いがありました。

真っ赤な口紅で唇を完璧に彩ったその女性は、ひとり店の片隅で紅茶を飲み、ときおりタバコをくゆらせている。その指先には、口紅と同じくきれいに塗られた真っ赤なマニキュア。

顔はよく見えなかったのですが、その女性からは「きれい」のオーラがハッキリと出ており、そこだけに違う空気が漂っているようでした。

さて、「女性の真の美しさ」とは何でしょう。

顔かたちが整っていても、不思議ときれいだと思えない人もいれば、たとえ顔がパーフェクトではなくても、美のオーラにあふれている人がいる。そして、後者のほうが揺るぎない、圧倒的に強い魅力を放っているのです。

美しい女性というのは、目が二重でパッチリとした人をいうのでしょうか。スッと鼻筋が通り、一分の狂いもない、シンメトリーな顔をした人のことをいうのでしょうか。化粧品の広告に出てくるような、完璧なメイクを施した女性は、本当の意味で「きれい」なのでしょうか。

フランス・パリでは、お母さまのお下がりのトレンチコートを着た女性が、ノーメイクで実にチャーミングに街を闊歩しています。

アメリカ・サンフランシスコではご主人の帰りを待ちわびながら、頭にカーラーを巻いて夕食の買い物に出る「ラブリー」な奥さまたちに、たびたび遭遇しました。

その点、日本人はどうも顔の造作だけにとらわれて、内側からにじみ出るチャーミングさや個性を見すごしているように感じます。

2007年ミス・ユニバース世界大会で、日本人として48年ぶりの優勝を果たした森理世さんは、記者会見で美しさの秘訣を聞かれたときに、こう答えました。

「自分のアイデンティティー、自分が何かを忘れないことだと思います」

思えば、体育の先生も喫茶店で出会った女性も、「自分らしさ」を熟知していたのだと感じます。これからの時代、女性はますます見た目以上に中身が問われるのではないでしょうか。

お辞儀の仕方に「育ち」が出る

1988年、クリスチャン・ディオールのインターナショナル・トレーニング・マネージャーに就任したとき、私は真っ先に、売り場で働くスタッフの呼び名を美容部員から「ビューティスト」と改めました。ひとりひとりに、「私は単なる売り子ではない。美を売る人間なのだ」という自覚をもたせたかったからです。

さらに、以下の精神を徹底的に叩き込みました。

「私たちが取り扱う製品は、ハッキリ言って、どこで誰から買っても同じ値段。だとしたら、

『あなたから買いたい』と思わせる『何か』がなければならない。つまり、物を売るのではなく、自分を売るのです」

とりわけ、スタッフ採用時の面接で重視したのが挨拶。

挨拶がきちんとできる人というのは、やはり気持ちがいい。他人と接する際に、「心の入り口」となるのが挨拶です。それがきちんとできるかどうかは、家柄や学歴とはまったく関係なく、どうやって育てられたか。まさに、「氏より育ち」なのです。

みなさんも、結婚式やお葬式など、人が集まる場所で一度、人間ウォッチングをしてみてください。からくり人形のように、ペコペコとせわしなく頭を下げている人もいれば、きちんと相手の目を見てから、ゆっくりと深くお辞儀をする人もいる。なかには、会釈程度で、まともにご挨拶ができない人もいるはずです。

お辞儀というのは、残酷なほど「人となり」が出るもの。相手に対して感謝の気持ちがあれば、自然と笑みがこぼれ、頭が下がる。つまり、「感謝」「笑顔」「お辞儀」はワンセットなのです。

「ハーイ!」「ハウ・アー・ユー?」。これで済んでしまう外資系の企業にいたからこそ、私は日本の挨拶の美しさというものを誇りに思い、大切にしてきました。

今は挨拶ができない若者が増えているようですが、少なくとも私は、自分のスクールに通う未来のエステティシャンには、挨拶だけはきちんとできるよう指導しています。

技術を身につけるのは、それからです。

動きなさい、感じなさい、声を出しなさい

みんな、どこか他人任せ。最近、そう感じることが多くなりました。

「皮膚科でこれがいいといわれたのですが、どう思いますか?」「ローションパックのとき、水道水を使っても大丈夫ですか?」

このような質問が、たびたび私のもとへ寄せられるのです。

「やってみたら、こうなりました。ほかに方法はありますか?」というのなら、何でもお教えします。でも、やりもせずに「どうですか?」というのでは、答えようがないのです。

いいと思ったら、何でもやってみたらいいのです。

そのかわり、よくなかったら方向転換をするという柔軟さも大事。これが、私のいう「トライアル&エラー」。間違ったら、やりなおせばいいだけの話です。

たとえば、肉じゃがをつくるにしても、「このみりん、いまいちね」「本みりんに替えてみようかしら」「あら、おいしい!」という具合に、試行錯誤しながら最高の味を見つけていくと

いうのが、お料理の醍醐味ではありませんか。肌のお手入れも同じことです。

最近は「仕事にやりがいが見出せない」「彼氏がいなくてさみしい」といった、人生相談のお手紙も多くいただきます。このような方に共通しているのが、化粧品選びと同じで、悩みにどっぷりと浸かっていて、何も行動を起こしていないことです。

ほかにやりたい仕事があるのなら、転職をすればいい。彼氏が欲しければ、趣味のサークルにでも入ってみたらいかがでしょう。

環境保護に積極的に取り組む企業としても知られるアメリカの高級アウトドアブランド、パタゴニアの創業者であるイヴォン・シュイナード氏は、新聞の取材でこう答えています。

「落ち込まない最善の治療法は行動」

まさにその通りで、私も会社員時代、落ち込んだときにはデパートや書店に駆け込んで、気分転換を図っていました。

いつも同じ人と会って、同じ道を通り、同じものばかり見ていたら、いつしか人は無表情になります。幸せをつかみたければ、まず行動を起こすことです。そして物事を肌で感じること。感じたことを声に出すこと。これらは、そんなに難しいことではないはずです。

そして、気持ちが生き生きとし始めたとき、「あれだけ気にしていたニキビが、いつの間にか消えていた」なんてこともあるのです。

私って、過激ですか？

先日、あるセミナーを終えて会場を後にしようとしたとき、ひとりの女性がものすごい形相で私の前に立ちはだかり、こういい放ちました。

「どうしてオイルクレンジングがダメなんですか？　何の成分がいけないんですか？」

私は界面活性剤が多く使われていること、油分で汗腺がふさがれて汗が出にくくなること、顔がギトギトになるので、過度な洗顔をしてしまうことなどを説明したあと、それでも不服そうな顔をしている目の前の女性に、こう申し上げたのです。

「私はオイルクレンジングをしている女性の肌を、嫌というほど見てきたの。だから、使い続けるとどんな肌になるか、わかっています。肌を元に戻すのに、使用年数の倍かかることも知っています。あなたもそうなりたいのなら、どうぞお使いください」と。

私はドクターでもなければ、研究者でもありません。だから、どの成分が肌の細胞にどう作用して……などという専門的なデータをとっているわけではありません。

でも、何万人もの女性の肌をこの目で見て、そして触れることで、「何を使ったらどうなるか」という自分なりの理論を導き出してきたのです。これこそが、何よりの証拠ではないでしょうか。

また先日は、皮膚科の女医さんから「佐伯さん、よくぞ言ってくれた！」と感謝のお便りをいただきました。オイルクレンジングで肌にダメージを受けた患者さんが多く通院されているのだとか。「オイルクレンジングに反対している美容家が書いた本」ということで、その先生の病院の待合室には、私の著書を置いてくださっているそうです。

わかっていても誰も口に出さなかったことを今、私が臆面もなくいうものですから、なかには「佐伯さんは、ずいぶんと過激なことをいうなぁ」と感じる方もいるでしょう。でも私は、世間をアッといわせようとか、人さまの商売の妨害をするつもりなど毛頭なく、ただ、商売なら何をしてもいいのかと、釘をさしておきたかったのです。

ただし、もし私が化粧品を自分でプロデュースしていたら、利害関係が発生するので、こういったことは発言できなかったと思います。だから、私はどんなに頼まれても化粧品の開発には携わらないのです。

体に悪いものは食べてほしくない。肌に悪いものはつけてほしくない。そして、儲けのためだけに化粧品をつくってほしくない。私の願いはただそれだけなのです。

何も知らない消費者は、高いお金を出して化粧品を買い、肌を汚くして、そしてまたお金をかけて治しに行くわけです。この事実を、私はどうしても見すごすことができなかった。

過激といわれようと、何といわれようと、これからも私は自分で見た真実だけを、みなさんにお伝えしていきます。これが、40年以上にわたって美容の世界で育ててもらった、私の使命だと考えているのです。

ちなみに、オイルクレンジングを扱っているメーカーから、これまでにクレームは一件もきておりません。

欠点は魅力に反転する

「自分の欠点をチャームポイントに！」といわれたところで、なかなか「ああ、そうですね」とはいかないものです。ところが先日、何気なく見ていた深夜番組で、ちょっと面白い話を耳にしたので、お伝えしたいと思います。

1980年代にアイドル歌手として大ブレイクし、今でも非常に人気のあるその女性は、いかにも日本人が好きそうな清潔感漂うベビーフェイスをもち、歌も抜群にうまい。ただし、私もテレビの映像で見てハッキリと覚えているのですが、その女性は昔からひどいO脚でした。

「脚の間からローマが見える！」などと、辛口の芸人さんから、からかわれていたように思います。それでも彼女はO脚を隠すどころか、当時のアイドルの定番だった、下着が見えそうなミニスカートをはいて、一生懸命に歌っていました。

そのことについて、いわゆるアイドル評論家のような男性がこういい放ったのです。

「アバタもエクボではなく、アバタがエクボなんです！」

若い方のためにちょっと解説を加えると、「アバタもエクボ」とは、その人を愛すれば欠点さえチャームポイントに見えるということ。それをもじった「アバタがエクボ」とは、まさに欠点こそがチャームポイントであるという意味です。彼はさらにこう続けました。

「あのとき、ロングスカートをはいてO脚を隠していたら、彼女はあそこまで人気が出なかったでしょう」

完璧なルックスと歌唱力に、O脚という人間臭さが加わることで、人々にある種の「親しみ」を与えたのだと思います。まるでオセロゲームのコマをひっくり返すように、黒を白に反転させている。その分析に、私はひどく感心してしまいました。

私のもとには、「子供のときから地黒で……」「ほくろが多くて嫌なんです」などの悩みがときどき寄せられます。残念ながら、こういった先天的なものは、お手入れではなかなか克服できないのが事実。だから、私はこのようなメッセージをお送りするのです。

「小麦色の肌にしか似合わない色ってあるでしょう。あなたなりのオシャレを大いに楽しんで」

「ほくろの多い人は、シミが少ないといいます。あなたが思うほど、人はあなたのほくろを集中的には見ていませんよ」

たとえば、シミを隠そうとして、白いファンデーションを塗るほど、かえって色のトーンの違いでシミは目立ちます。そして、何かを隠しているという後ろめたい心からは、決して自信に満ちた表情は生まれません。

私自身、外見上の欠点に苦しんできた経験がありますから、「欠点を個性に!」などという無責任な発言はしません。

ただし、美しくなるためのエネルギー源として、また自分らしさのスパイスとして、欠点を味方につけることは、決して間違ってはいないと思っています。

女々(めめ)しからず、女らしく

裕福な暮らしをしていたわけではないけれど、いつも身なりだけはきちんとしている。私の祖母は、そんな女性でした。

たとえ生地(きじ)が破れていても、つぎが当ててあればいい、清潔であればいいという考えの人でしたから、野良着(のらぎ)でも前掛けでも、こまめに手入れをして、きれいに畳んでしまう。さらに、朝起きるとまず、椿油で頭をきれいに整えていました。子供ながらに、「おばあちゃんは年を取っているけど、おしゃれだなぁ。素敵だなぁ」と思ったものです。

字の読み書きもままならず、決して教養があるわけではない。けれども、誰が見ているわけでもないのに、こうして常に身ぎれいにしているというのは、女の心がまえとしてすごいこと。そんな祖母を、私は今でも尊敬しています。

ひるがえって今の世の中、どうも男女平等を履き違えている女性が多いように感じます。電車の中でひざを大きく開いて、眠りこけている女学生。脚を組み、くわえタバコをしながら男言葉を平気で使う、キャリア気取りの女性。

そういう人たちというのは、一見おしゃれなようでも、決まって靴のかかとが磨り減っていたり、マニキュアがはがれていたり、それこそ何日も洗っていないような、ギトギトのパフでファンデーションを顔に塗っていたりするものです。

何も男性の後ろを三歩下がって歩けとはいいません。でも男性が気づかないような、細かい部分にも目配りができるのが、女性だと私は思うのです。

いつもアイロンをあてたハンカチをもっている。椅子に座るときには、必ずひざを合わせる。バッグや化粧ポーチの中が、きちんと整っている。

そういう人は、見ていても気持ちがいいもの。とりわけ清潔感というのは、「女性らしさ」の必須条件だと私は思っています。

b e a u t y　c o l u m n

1

執念の日焼け対策

大らかな国民性で、手つかずの大自然を存分に味わうことができるアメリカは、私の大好きな国。2007年4月、なんと34年ぶりに再びこの地を訪れる日がくるなんて、まさに夢のようでしたが、出発前から気になっていたのはお天道様。

最初に訪れた町、サンフランシスコは、4月といえども夜は肌寒いほどでしたが、そこから飛行機で2時間ほどのフェニックス空港に降り立つと、気候が一変しました。赤土の大地と真っ青な空。そして灼熱の太陽……。まさにアリゾナ州の光景です。

私たちは、さっそくレンタカーに日よけをつけ、私は車内でも日傘をさして首にはタオル。そのままの姿で自然の中を歩くわけですから、それは目立ちます。現地では、日傘をさして歩く人などまずいないので、不思議そうな目で見られても仕方がない。

でも、シミをつくって後悔することを考えたら、恥ずかしさなんて何ということはありません。移動中もこまめに日焼け止めを塗り足し、ホテルに戻ったら、毎晩ローションパック。おかげで5時間のハイキングをした日も、顔が少し赤くなった程度で、日焼けは最小限に防げました。思い出は残したいけれど、シミは残したくない。

そう思うのなら、自己責任で肌を守るしかありません。努力の甲斐あって、私は楽しい思い出も、出発前の肌もキープすることができました。

第2章 大人の女性の美肌づくり

「続けること」が習慣になった
そのときから、あなたの美肌願望は
「夢」から「現実」のものへと
変わっていくことでしょう。

スキンケアは40歳からが楽しい

タイトルの言葉。にわかに信じられない人もいるかもしれませんが、これは本当のことです。

10代、20代でシミやシワ、たるみというものに悩まされる方はそうもいませんから、生まれ持った顔の造作（ぞうさく）、いってみれば遺伝的な要素で、顔立ちの大半は決まってしまうのです。

でも、それは永遠に続くものではありません。

30代は20代の延長で何とか乗り切れたとしても、40代、50代になると、それまでの生き方やお手入れの仕方、さらにはふだんの表情や心身の状態などが、如実（にょじつ）に顔にあらわれてくるようになります。

かつては目を見張るほど可愛かったアイドルが、40代、50代になると見る影もなくなってしまったり、逆に脇役で目立たなかった女優さんが、年齢を重ねるごとに輝き出すことがあることからも、それは明白です。

つまり、40歳からの顔は、自分自身が創り出していくもの。

いつもしかめっ面をしている人の眉間（みけん）には縦ジワがクッキリと刻まれますし、家でお菓子を食べてゴロゴロしながらテレビばかり見ている人は、ウエストにしっかりと脂肪がつき、顔もたるんできます。

スキンケアだって同じことです。怠けていればそれだけ肌は衰え、「いつまでもきれいでいたい」という高い意識をもってケアをすれば、同世代の女性よりもはるかにきれいでいられる。そう、すべてが自分に跳ね返ってくるのです。

遺伝やメイク・テクニックは、もう切り札にはなりません。そして、最終的に素肌の美しさこそが若さの決め手になることに、誰もが気づくはずです。これって、実にフェアではないですか。だから、40歳からのスキンケアは、掛値なしに楽しい！

続けた人だけが、きれいになれる

「何をやっても吹き出物が消えません」
「このシミは、一生残るのでしょうか」

このように、なかば自分の肌をあきらめている人に共通していることがあります。それは、「三日坊主」であるということ。

とりあえず、本や雑誌を見てローションパックを試してみるものの、決して長くは続けることができない。そして、2〜3回やってみて効果が得られないと、「私には合わないみたい」

「もうレーザーしかない」と、すぐにやめてしまうのです。

一方、「肌が見違えるようにきれいになりました！」「あきらめかけていたシミが消えました！」と喜びの報告をしてくださる方のメッセージには、必ずその前に「1ヵ月間、毎朝晩ローションパックをしたら……」とか、「3ヵ月間、毎日水を2リットル飲んで、半身浴をしたら……」という言葉が、枕詞のようにつくのです。

たいていのシミやシワは、ある日突然できるものではありません。長年かけてできたものは、元に戻すのにもそれなりの時間がかかるのは当然のこと。自分でトラブルを招いておいて、消しゴムのように一瞬で消そうだなんて、虫がよすぎると思いませんか。

私の知人に、年中顔色がどんよりしている「くすみの女王」がいました。

あるときローションパックに目覚めた彼女は、どんなに仕事が忙しくても、朝晩必ずローションパックを続けました。そして1年後、彼女は見違えるほど透明感に満ちた、プルプルのみずみずしい肌を手に入れることができたのです。

私の経験からいわせていただくと、肌が完全に変わるまでには3年かかります。

1年間、がんばってお手入れを続ければ、春がくるころには「脱皮」をしてきれいな肌が顔を出します。それを3回繰り返したころ初めて、シミが消える、くすみがなくなる、シワが薄くなるという、目に見える成果が出てくるのです。

「石の上にも三年」という言葉がありますが、美容においても、自分を信じて粘り強くお手入れを続けた人だけが、「美肌」というご褒美を手にすることができるのです。

ちなみに、ローションパックに使う化粧水はあまり高価なものだと、どうしてもチビチビと使ってしまうので、それでは肌表面を整えるという目的が果たせません。３０００円前後のものでいいので、アルコールが入っていない自分の肌に合ったものを、たっぷりと使いましょう。

美肌は「水」でつくる

年齢を重ねてからの肌トラブルの大半は、水分不足によるものです。

20代と30代以降の肌では何が決定的に違うかというと、水分の量なのです。そして水分量が違えば、ツヤ感、ハリ感、透明感が違ってきます。つまり、20代の肌をキープしたいのなら、水分補給は不可欠なのです。それも、スキンケアで肌表面から与えるのと同時に、体の内側にも水分を与えることが肝心です。

私は、1日に2リットルほどの水を必ず飲みます。「そんなに飲むんですか?」「飲みすぎはよくないのでは」といわれることもありますが、気づくとこれだけの量を飲んでいるのです。

私たちの体内で、水は細胞に栄養や酸素を届けるとともに、老廃物を回収し、汗や尿として

× 水素水は全く普通の水と同じであると証明された 16/12/2016付

体外に送り出します。

成人の場合、じっとしていても1日に約2・5リットルの水を排出するのだとか。食物から摂る水分は、1日1・3リットル程度ですから、残りの約1・2リットル分の水を飲めば、出入りのバランスがとれるという計算です。

ただし、これはじっとしているときの場合。私のように駅のエスカレーターでもついステップを上ってしまうような人は、おそらく水分の排出量は多めですし、年齢を重ねるにつれて体内の水分量自体が減っていきます。

とくに睡眠中は水分を摂れないばかりか、思いのほか汗をかいているので、体のなかはカラカラの状態。起きがけにコップ2杯程度の水を飲むのは、すっかり私の「朝の儀式」になっています。

今はミネラルウォーターも、海洋深層水、水素水、還元水など、いろいろな種類のものがあります。私は気になったお水を、片端から飲んできました。そうすると、味やにおいの違いが少しずつわかってきて、「あ、これだ!」と自分にピッタリのものとめぐり合えるのです。

いま私が気に入って飲んでいるのが水素の入ったお水です（「水素たっぷりのおいしい水」メロディアン　ハーモニーファイン製　http://www.melodianhf.com）。指先まで水がスーッと染み渡る感じがします。

水素は体によくない活性酸素を中和させる役目があるそうです。私のサロンに来られるお客さまにも、お手入れのあとに飲んでいただいています。

水を飲むことを決して義務にせず、楽しみながら続けてみてください。

大人ケアの決め手は「端(はし)・角(かど)・裏(うら)」

タイトルが残念ながら思い出せないのですが、以前見たアメリカの映画に、こんなシーンがあります。

お目当ての美女と、めでたくベッドイン。そのとき、男性が足でブランケットをちょいとめくり、隣で寝ている女性の足元をチェックする。そして、「足にタコがない。OK!」というジャッジを下すというもの。

この気持ち、女の私にもすごくよくわかります。

先日、電車に乗っていたときのことです。座席に腰掛けながら、ふと、つり革につかまった女性の後ろ姿を見ると、全身の華やかなファッションとは裏腹に、サンダルからはみ出た、カチカチでシワシワのかかとを発見。なんだかとても侘(わび)しい気分になってしまいました。

その女性が10代、20代ならまだしも、それ以上になると、誰が見ても「おばさん」という言葉しか頭に浮かびません。

大人の女性は、とりわけ「端・角・裏」を念入りにケアしましょう。

具体的にいうと、指先、ひじ、ひざ、かかと、背中といった部分です。

私は長年接客業をしているのでよくわかるのですが、実はこういう部分にこそ、その人のセンスが出るものなのです。

たとえばストッキングでも、3足1000円のものではなくて、ときには刺繍（ししゅう）の入ったちょっと高級なものをはいてみる。そうすれば、ひざやつま先にも意識が向き、歩き方まで美しくなります。

また、指先の手入れをしてマニキュアを施（ほどこ）せば、しぐさが変わってくる。色や飾りのない透明色のトップコートを塗るだけでも変わるものです。

それから、お風呂上がりにボディクリームや乳液を塗るという「ひと手間」をかけるだけで、ひじ、ひざ、かかとのカサつきはなくなり、うるおいのある桃色のやわらかい肌がつくれます。

こんなちょっとしたことから「意識改革」を始めてみてはいかがでしょうか。

男性でも女性でも、いわゆる一流といわれる人の多くは、こういった些細（ささい）なことを決しておろそかにはしません。誰も見ていないと思って手を抜く部分こそ、実は人々がもっともよく見ている場所だと心得ているからです。

「端・角・裏」のお手入れ法

見られていないと思いがちな細部ほど、意外と人は見ているもの。
末端にこそ、女性の品格はあらわれます。
お手軽ケアで定期的に磨きをかけてください。

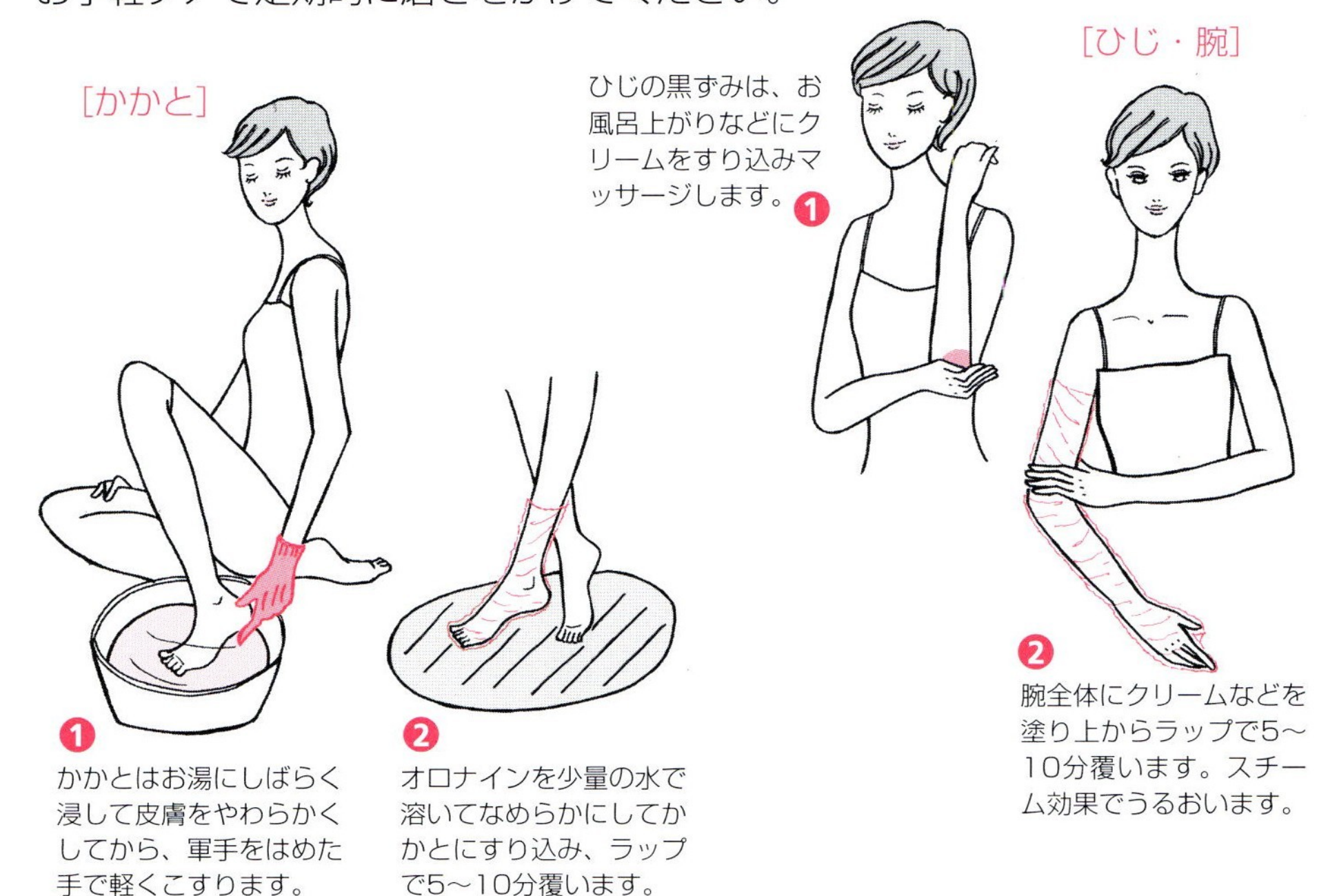

[かかと]

❶
かかとはお湯にしばらく浸して皮膚をやわらかくしてから、軍手をはめた手で軽くこすります。

❷
オロナインを少量の水で溶いてなめらかにしてかかとにすり込み、ラップで5～10分覆います。

[ひじ・腕]

❶
ひじの黒ずみは、お風呂上がりなどにクリームをすり込みマッサージします。

❷
腕全体にクリームなどを塗り上からラップで5～10分覆います。スチーム効果でうるおいます。

[指先]

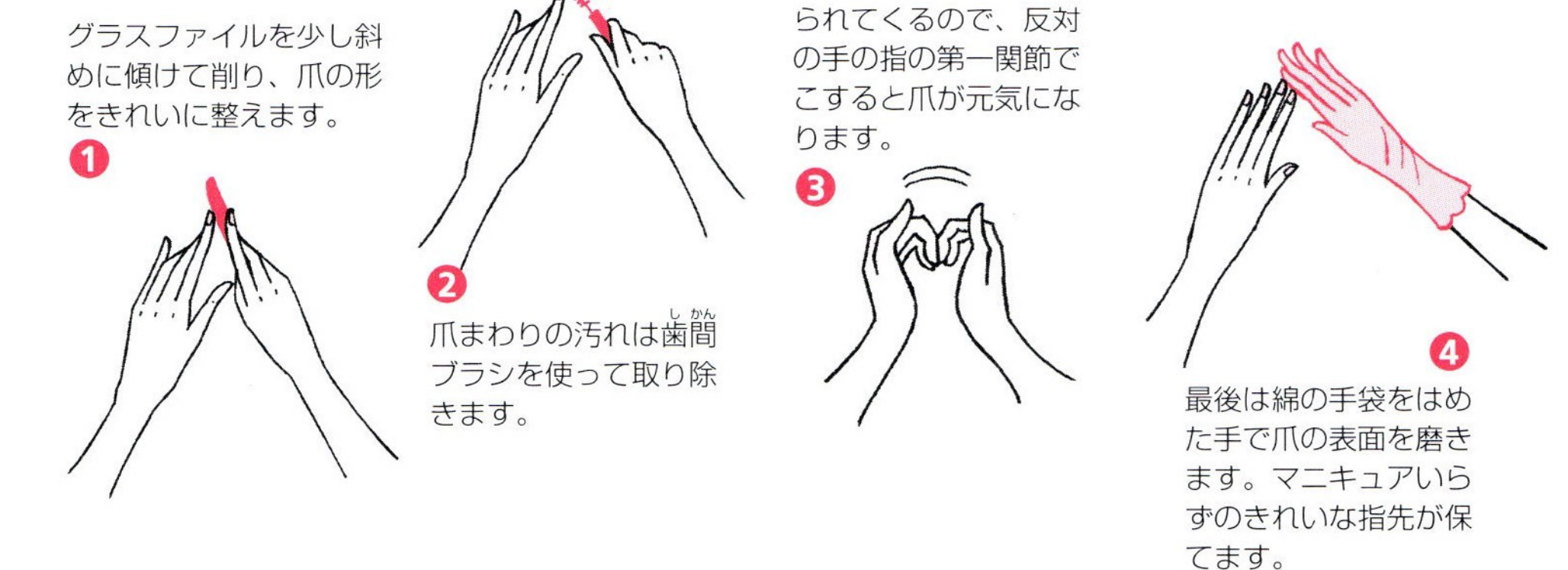

❶
グラスファイルを少し斜めに傾けて削り、爪の形をきれいに整えます。

❷
爪まわりの汚れは歯間ブラシを使って取り除きます。

❸
甘皮の下から栄養が送られてくるので、反対の手の指の第一関節でこすると爪が元気になります。

❹
最後は綿の手袋をはめた手で爪の表面を磨きます。マニキュアいらずのきれいな指先が保てます。

「佐伯式ヒーリングパック」で肌と心にうるおいを

どんな豪華なディナーでも、気の合わない相手としぶしぶ食べていれば、美味しさが半減します。一方、ありふれた家庭料理でも、気心が知れた仲間で食卓を囲んで、ワイワイといただけば、それはご馳走となり消化にもいいものです。

スキンケアは肌の食事。私はそんなふうに考えています。つまり、お肌に化粧品という栄養を与えていくのですから、その「食べ方」にもひと工夫がほしいもの。

たとえばローションパック。

これは食前酒にあたるもので、ここで肌を整えて次にくるメインディッシュ（美容液）を吸収しやすくします。このとき、子供を叱りつけながらとか、「あぁ、面倒くさい」と思いながら行うのと、身も心も癒された状態で行うのとでは、化粧品の吸収が違ってくると思うのです。

では、日常の中にどうやってそんな「自由時間」「自分空間」をつくるか。

私はバスルームでの時間こそが、最高の癒しだと考えています。

洋服から解放され、雑音から解放され、そしてひとりきりになれるプライベートな空間。そこには適度な湿度と水の音があり、温かいお湯に浸かることができる。家の中でこれほどリラックスできる場所は、ほかにないのではないでしょうか。

また、バスルームが不便だという方は、部屋で好きな音楽を聴いたり、アロマセラピーを楽しみながら、ローションパックをするのもおすすめです。この場合、目の部分までコットンで覆って、完全に外界をシャットアウトして、自分の世界に浸るのもいいですね。

また、目の部分をあけて、好きな俳優さんが出ているドラマを見ながらローションパックをしてみましょう。これを「アドレナリンパック」と名づけました。つまり、憧れの男優さんに心ときめくことでアドレナリンがたっぷりと分泌され、化粧品の効果がアップするわけです。

花粉症の季節には、コットンに少しミントのエキスを含ませて、顔の下半分だけにあてます。これが爽快感のある「ミントパック」となり、ぼんやりした頭をすっきりさせてくれます。

さらに、かみそり負けをしやすい男性のみなさんもぜひ、顔の下半分だけでいいので、ローションパックにトライしてみてください。肌がやわらかくなって、赤みやブツブツがおさまってくるはずです。男性特有の脂性肌もローションパックをすることによって毛穴が整い、水分・脂分のバランスがとれてきます。すると、独特の脂臭が徐々におさまってきます。

これまで繰り返しお伝えしてきた「佐伯式ローションパック」。今回初めて、お手入れの際の空間や状況設定をいろいろ変えることで心身を癒し、化粧品の効果を高める方法を提案しました。新たにこれを「佐伯式ヒーリングパック」と名づけて、今後もご紹介していきます。

佐伯式ローションパック

あらゆる肌トラブルを改善するこのパックは佐伯式ケアの基本です。

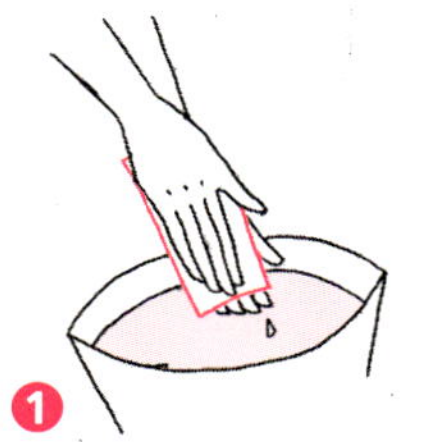

❶ コットン(7㎝×16㎝)を水でぬらし両手ではさんで軽く水けをきります。

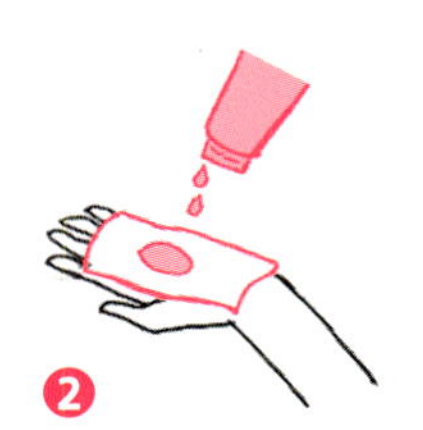

❷ アルコールの入っていない化粧水500円玉大を含ませ全体になじませます。

❸ コットンを繊維の目に沿って縦に5枚に裂きます。

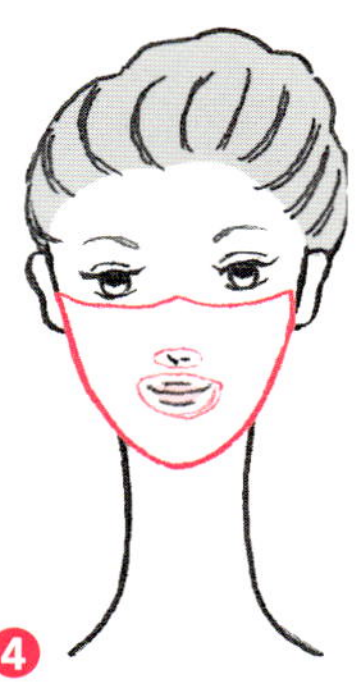

❹ コットンを横に引っ張って伸ばし、鼻と口の部分に穴をあけ、顔の下半分に貼ります。

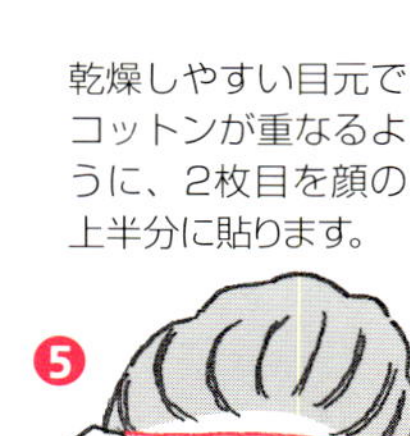

❺ 乾燥しやすい目元でコットンが重なるように、2枚目を顔の上半分に貼ります。

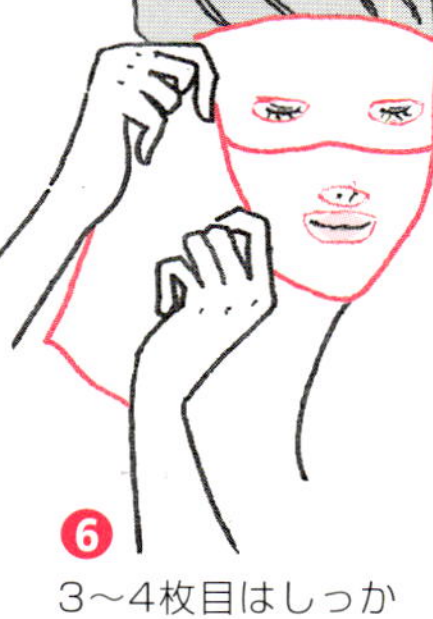

❻ 3〜4枚目はしっかりと伸ばしながら左右の頬にぴったりと貼ります。

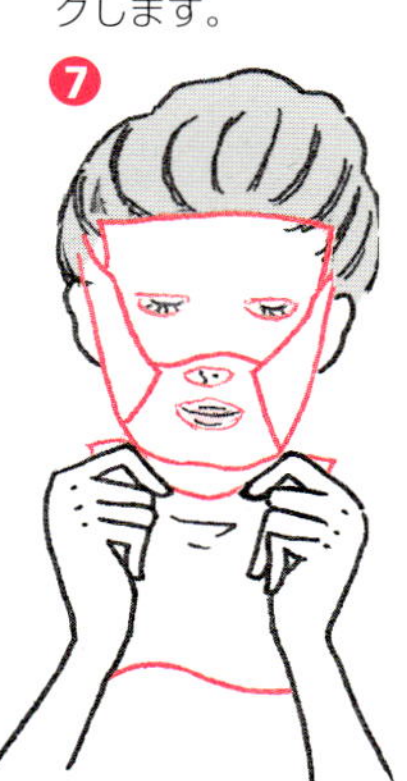

❼ 首も顔の一部。5枚目は首に貼ります。このまま3分間パックします。

進化版

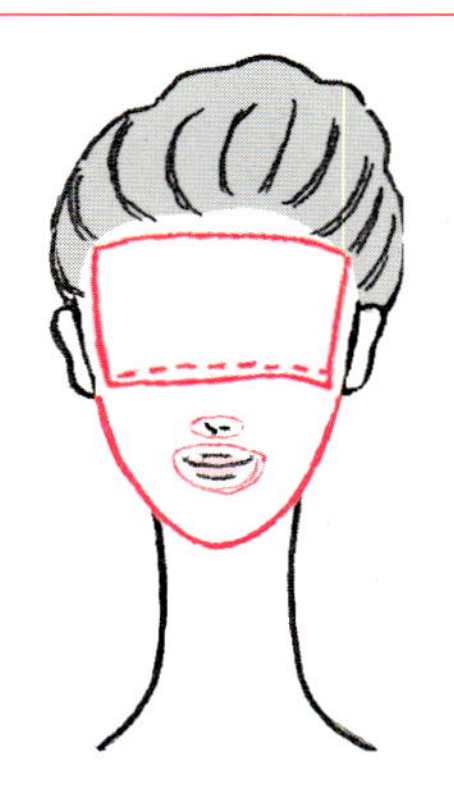

「2枚パック」
コットンを5枚に裂くのが難しい場合は、2枚に裂き、それぞれ顔の上下を覆います。

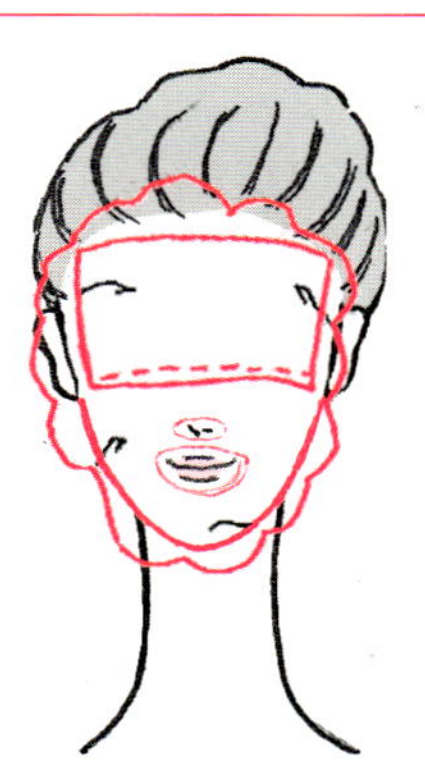

「ラップパック」
上からシャワーキャップやラップで覆うとうるおいが増します。このまま5〜10分パックしてもOK。呼吸できるように必ず穴をあけること。

「佐伯式ヒーリングパック」のすすめ

香りや照明、音楽などを利用して、お手入れ空間を演出してみましょう。

「アロマパック」
気分にあわせてアロマセラピーを楽しみながら。

「ミュージックパック」
ヒーリングミュージックなど
心を落ち着ける音楽とともに。

「バスルームパック」
半身浴をしながら。スチーム効果でさらにうるおいます。

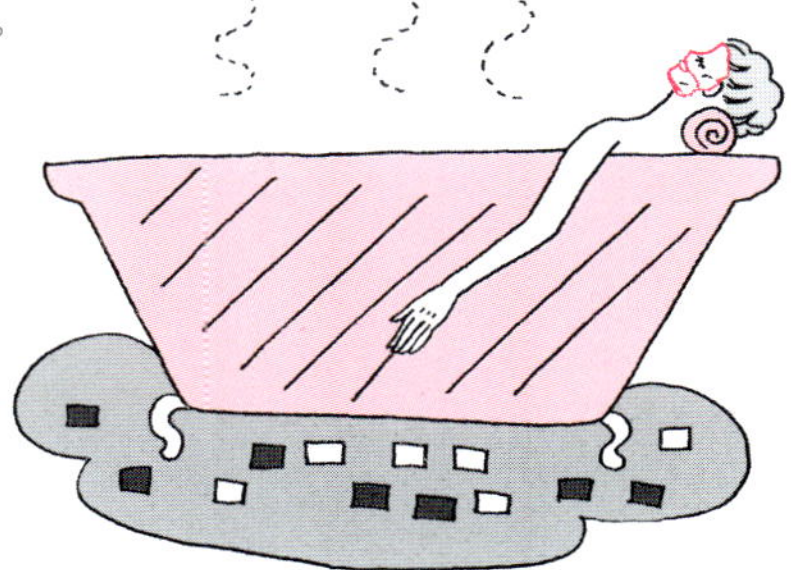

「アドレナリンパック」
憧れの男性を眺めて心ときめかせながら。

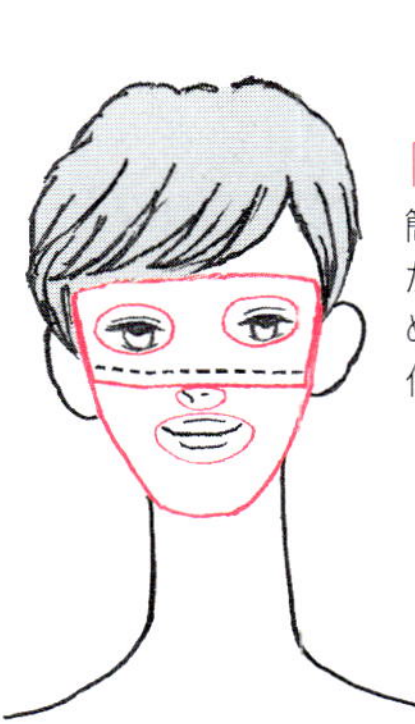

「メンズパック」
簡単な「2枚パック」が男性にはおすすめ。男性も美肌の時代です。

「ミントパック」
化粧水をなじませたあとミントのエキスを数滴。鼻のとおりがよくなります。

髪と口と瞳のケア

大人の女性に、スキンケアとあわせて行ってほしいのが、髪と口と瞳のケアです。

年齢を重ねると毛髪にコシがなくなるため髪がまとまりにくくなったり、雨の日はトップがペシャンコになったりします。

そこで、少しでも若く見せようと髪の毛を茶色に染めようものなら、それこそ顔まわりがぼんやりとした印象になってしまいます。どうしても染めたいのなら、赤っぽい茶色ではなく、限りなく黒に近い栗色を選びましょう。

また、化粧品にはお金をかけるのに、シャンプーは近所のドラッグストアのセール品で済ませるというのはやめにしましょう。汚れを落とすという意味から、顔のクレンジング剤と同様に、シャンプーも吟味（ぎんみ）したものを使っていただきたいと思います。

頭皮は顔の延長です。頭皮の毛穴に汚れが詰まったり、頭皮がたるんでくると、当然、顔にも影響を及ぼします。

とりわけ額の横ジワは、頭皮のたるみの影響が大きいのです。

ですから、髪を洗うときは表面の汚れを落とすだけでなく、頭皮という「土壌」を耕（たがや）すつもりで、指先をしっかり使ってマッサージをしながら洗いましょう。

暑い日や雨の日にはシニヨンなどのまとめ髪にする、月に1度は美容室で毛先を整えてもらうなど、40歳をすぎたらとくに、清潔感を心がけてください。

また最近よく耳にする「加齢臭」は、おじさま特有のものではなく、女性にも該当します。

なかでも注意したいのが口臭です。

年齢を重ねて唾液の分泌が少なくなると、口内の殺菌が十分に行われず、虫歯ができやすくなったり、口臭がひどくなりがちに。

自分では気づきにくいものですが、こまめにうがいをしたり、食後にガムを噛むことなどは、しておいて損はないと思います。

瞳のケアも大切です。きれいな白目は、若さを演出してくれます。メイクが目の中に入ったり、外出時に砂やほこりが入ったりして、目の中は意外と汚れています。

また、年齢を重ねるとちょっとした寝不足や疲れから目が充血したりします。

クレンジングをしたあとは目薬をさして、目の中の汚れも落としましょう。疲れ目やドライアイなどを防ぐためにも、涙の成分に近い目薬をいつも手近なところにおいておくことをおすすめします。

また、日差しの強い日は瞳を保護するためにも、サングラスをかけるとよいでしょう。

ヘアケアの方法

年齢とともに髪質が変わったりボリューム感がなくなるので、
頭皮を刺激して髪を健康に保ちましょう。
顔のたるみは頭皮のたるみからくることも。意識してマッサージを。

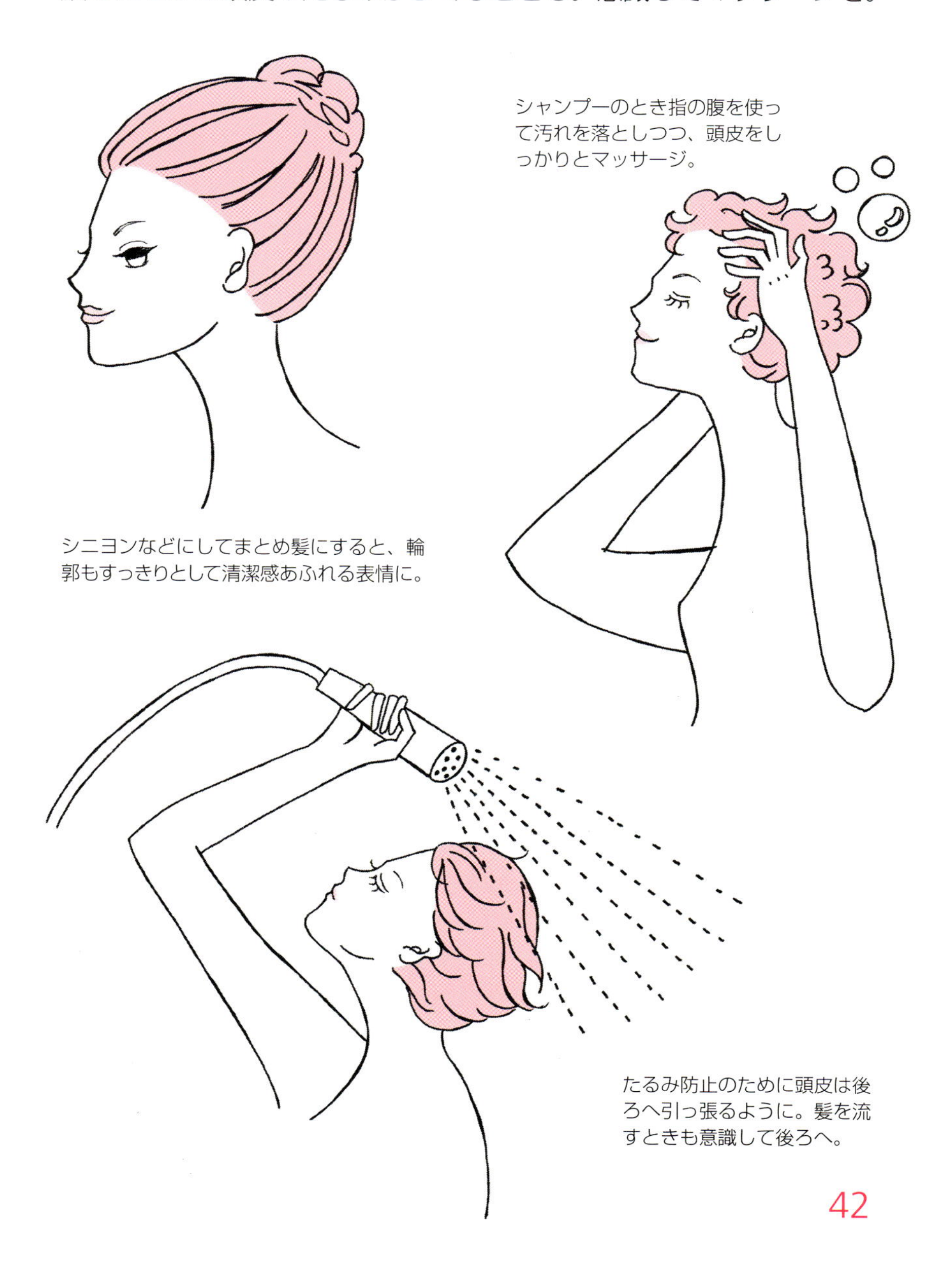

シャンプーのとき指の腹を使って汚れを落としつつ、頭皮をしっかりとマッサージ。

シニヨンなどにしてまとめ髪にすると、輪郭もすっきりとして清潔感あふれる表情に。

たるみ防止のために頭皮は後ろへ引っ張るように。髪を流すときも意識して後ろへ。

口臭のケア方法

自分ではなかなか気づきにくいお口のニオイ。
でも意識すれば予防できます。

マウスウォッシュなどでこまめに口内洗浄を。水分で口の中をうるおすだけでもかなり口臭は抑えられます。

白目をきれいに保つ方法

瞳をきれいに保つ秘訣は白目を濁(にご)らせないことです。
夜、クレンジングのあとは目の中を目薬で洗浄して
メイクの汚れを残さないようにしましょう。

青みがかった白目が瞳を大きくきれいに見せるポイント。夜は「V・ロート」、昼は「なみだロート ドライアイ」を使っています。

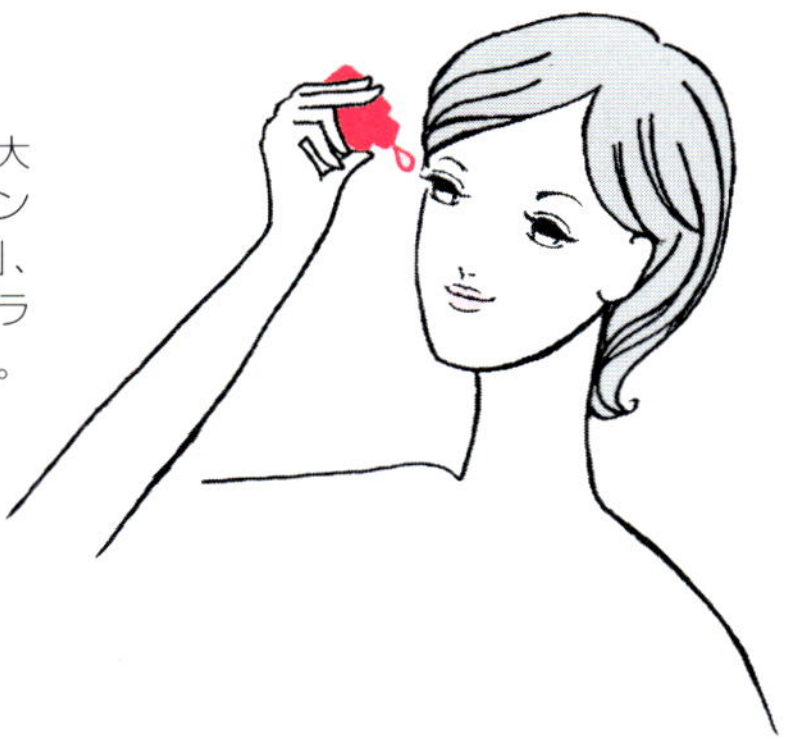

もう表皮ケアだけでは不十分

「むかしは、肌がきれいだといわれていました」

そう自己申告する女性が、30代、40代に入って突然、「肌老化」に見舞われることが、しばしばあります。

考えられる理由はふたつ。

ひとつめは「私は肌がきれい」ということに甘んじて、毎日のお手入れをサボってきたから。クレンジングは安いもので適当に済ませ、顔を洗ったら化粧水をつけるだけ。こういった形だけのスキンケアしかしていないので、肌の中が「空洞化」しているのです。結果、肌のハリや弾力をつかさどる真皮(しんぴ)や、その土台となる筋肉部分がもろくなり、30歳をすぎたころから、たるみやシワが生じてくるのです。

また、若いころにテニスやサーフィンに明け暮れていた人。

自分の肌を過信して、ろくな日焼け対策をしてこなかったツケは、ある日突然やってきます。大きなストレスや出産など、ホルモンバランスが崩れたときに、潜在(せんざい)していたシミが一気に浮上してくるということがあります。これが、ふたつめ。

確かに10代、20代のころは「何もしなくても肌がきれい」ということはありえます。でも、そこで好き放題をして、未来への「肌貯金」をしておかないと、しっぺ返しが30代、40代になってからドッとくるのです。

30歳をすぎたら、真皮部分まで潜(もぐ)って、肌の奥に栄養を送り込んでくれる「美容液」は必須。少々値段が張っても自分への投資だと思って、ぜひ揃えてください。

さらに、顔の皮膚を支える筋肉には、ふだんの表情や咀嚼(そしゃく)が大きく影響してきます。意識をして表情筋を使うようにしましょう。

「若いころは色白だったのに……」「子育てが落ち着いたら、きちんとお手入れします」と、過去や未来に思いを馳せるのは結構ですが、問題は「今」なのです。今こそきれいにならなくて、いつきれいになるのですか?

きれいになるのに、早すぎることも遅すぎることもありません。

若いころにサボってしまった人は、「これまで、ほったらかしにしてごめんね。今日からがんばるから」と鏡の前で肌に謝(あやま)って、基礎からやり直すこと。

30歳からの基本のお手入れ方法については、のちほどじっくりとご紹介します。

肌の断面

「表皮」と「真皮」からできている私たちの肌。
真皮に美容液の栄養をしっかりと送り届けるためにも
ローションパックで「道筋」をつけることが大切です。

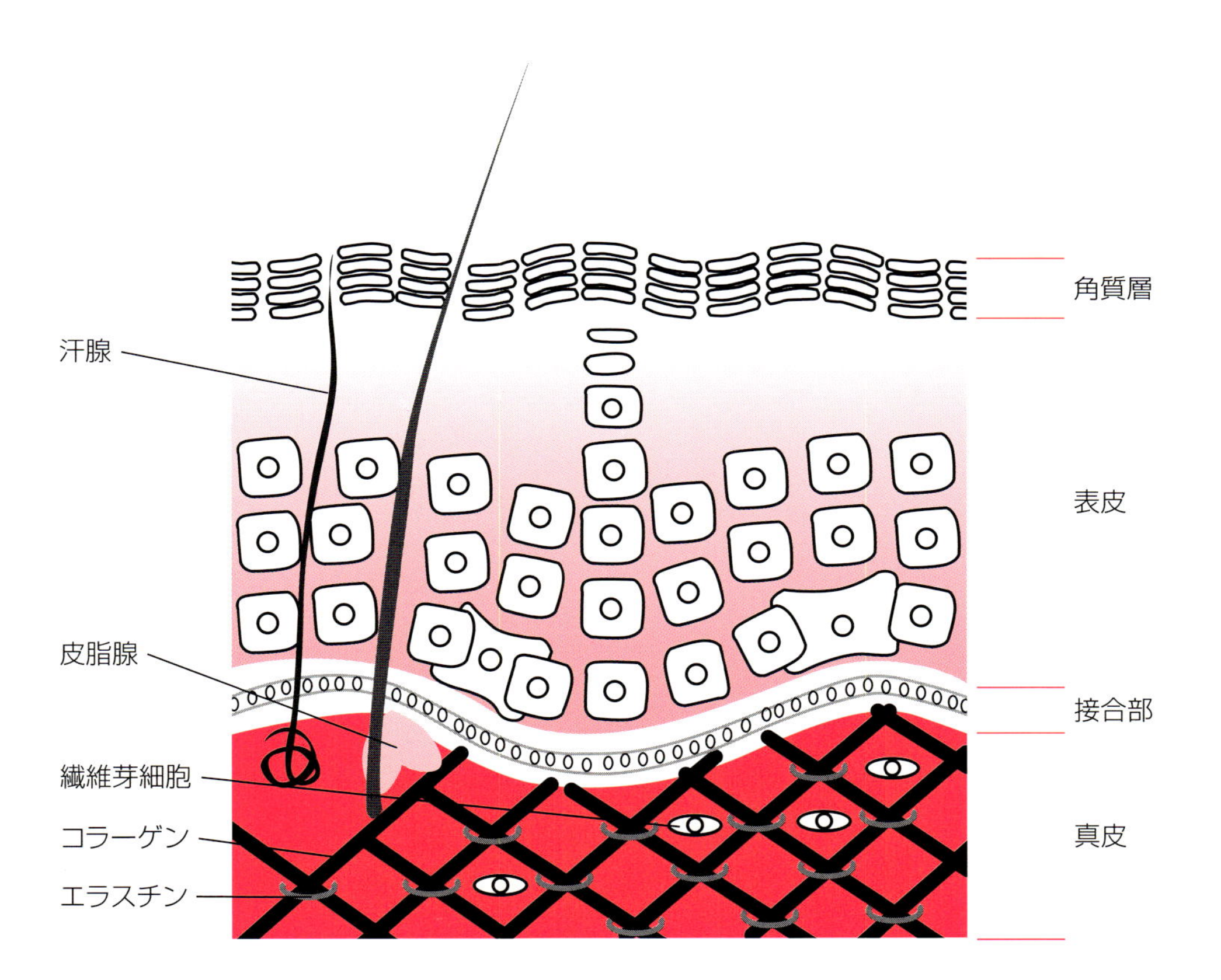

真皮部分に存在する繊維芽細胞というのは、綿菓子製造機のようなもの。ここから、コラーゲンやエラスチンといった、肌のバネになる繊維成分が送り出されるのです。バネがなくなれば当然、肌の弾力が衰え、ハリがなくなり、しぼんでシミやたるみが生じます。だから、表皮だけを見ていてはダメなのです。

「穴あき部分」のケア法

「顔の中で、気になる部分はどこですか？」と尋ねると、多くの女性は目元または口元をあげます。このふたつは、いわゆる穴のあいた部分。しかも、開閉を繰り返す場所なので、酷使されているといえます。

「まばたき1日2万回」といわれますが、それほどまでに目は動かす頻度が高い場所です。

さらに、毎日アイメイクをしたりコンタクトレンズを常用している方は、目のまわりの「眼輪筋」にふれる機会が多いわけですから、知らないうちにこの薄い筋肉を摩擦している可能性があります。

一方の口は、ものを食べたり喋ったりすることで、目と同じように動かす機会が多いパーツです。だから、シワやたるみなどのトラブルが発生しやすいのです。

長年着ているTシャツの襟元や袖口が、しだいに伸びてヨレヨレになってくるように、日常的に酷使されている部分は、時間とともに劣化してきます。だから、目元・口元はとりわけ慎重にお手入れする必要があるのです。

たとえば、アイシャドウやマスカラ、口紅などのポイントメイクは、クレンジング剤で顔全体のメイクと一緒にガーッとこすり落とすのではなく、ポイントメイクアップ・リムーバー、そしてコットンと綿棒を使って、極力、肌を摩擦しないように、やさしく落とします。

さらに少し専門的な話をすると、目と口のまわりには、それらを取り囲むようにドーナツ状に筋肉が走っています。そして、シワというのは筋肉の流れと垂直に走ります。つまり目や口のまわりには放射状にシワができるのです。

また、このドーナツ状に走る筋肉が退化すれば、当然、皮膚も全体的に下がってきます。だから、目や口のまわりの筋肉をときどき指圧したり、「あえいおう運動」や「ウォーターマッサージ」で、表情筋を活性化させることをおすすめします。ただし、お手入れはあくまでもやさしく、が基本です。

余談ですが、みなさんはなぜ人間が化粧をするか、考えたことがありますか。

身だしなみ、自己演出、欠点を隠すためなど、いろいろな捉え方があると思いますが、化粧の起源は、「魔よけ」だという説があります。つまり、目や口といった穴のあいた部分から、悪いものが入ってこないよう、彩色を施すのだとか。

穴あき部分、どうやら古くからとても大切な場所だと認識されていたようです。

顔の筋肉の流れ

顔の皮膚を支えている筋肉。
お手入れするときにはその流れを意識しましょう。
皮膚の土台となる筋肉を鍛えれば、肌が元気になります。

❶前頭筋（ぜんとうきん）
❷眼輪筋眼窩部（がんりんきんがんかぶ）
❸眼輪筋眼瞼部（がんりんきんがんけんぶ）
❹小頬骨筋（しょうきょうこつきん）
❺大頬骨筋（だいきょうこつきん）
❻口輪筋（こうりんきん）
❼口角下制筋（こうかくかせいきん）
❽笑筋（しょうきん）
❾咬筋（こうきん）
❿側頭筋（そくとうきん）

「あえいおう運動」[表情筋ケア①]

口のまわりをぐるりと囲む口輪筋を鍛える運動です。
大きく口を開けて「あ・え・い・お・う」と繰り返しいってみましょう。

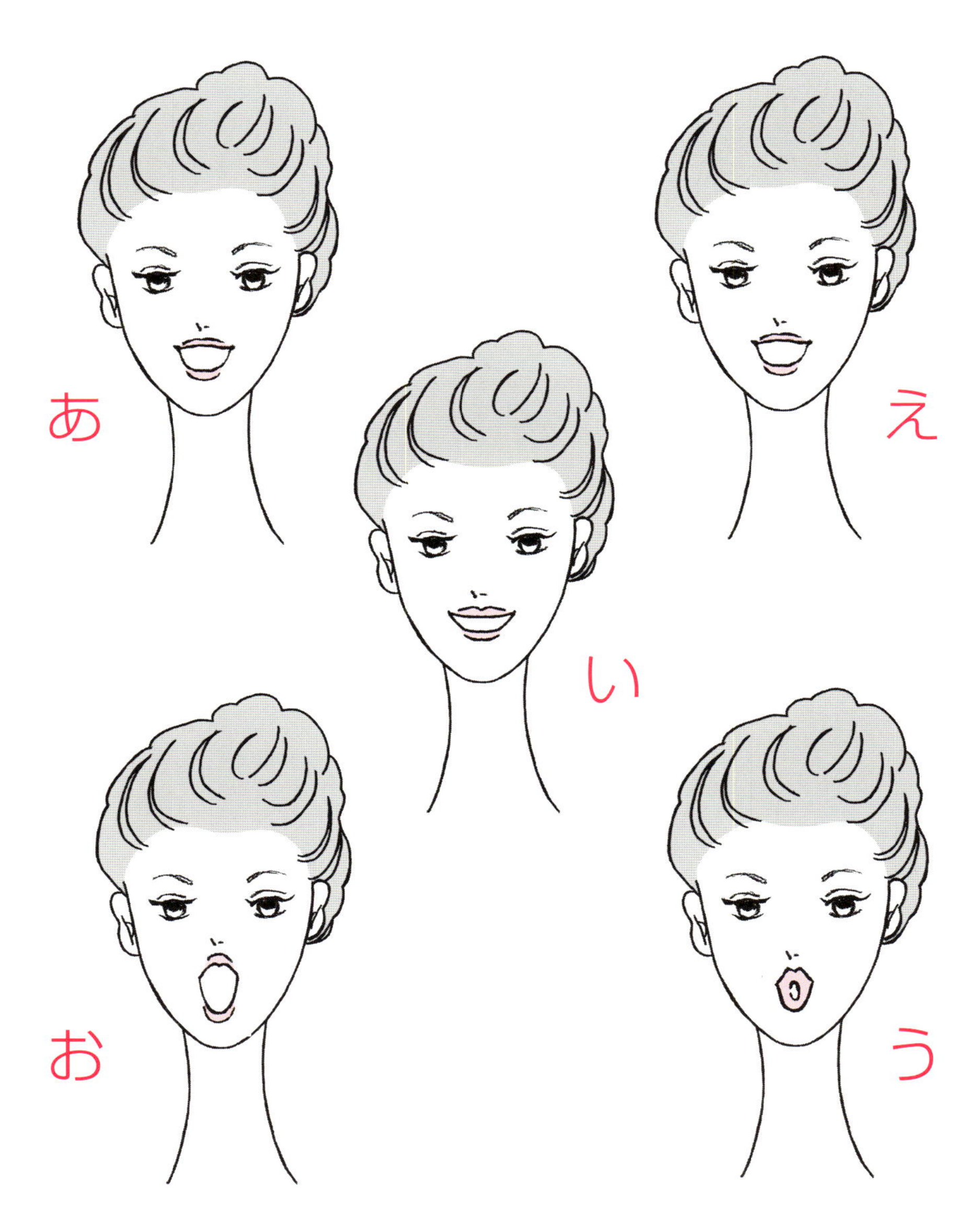

ウォーターマッサージ［表情筋ケア②］

筋肉の流れに沿って水圧をかけることで肌の奥から鍛えます。
半身浴をしながら行うとより効果的です。

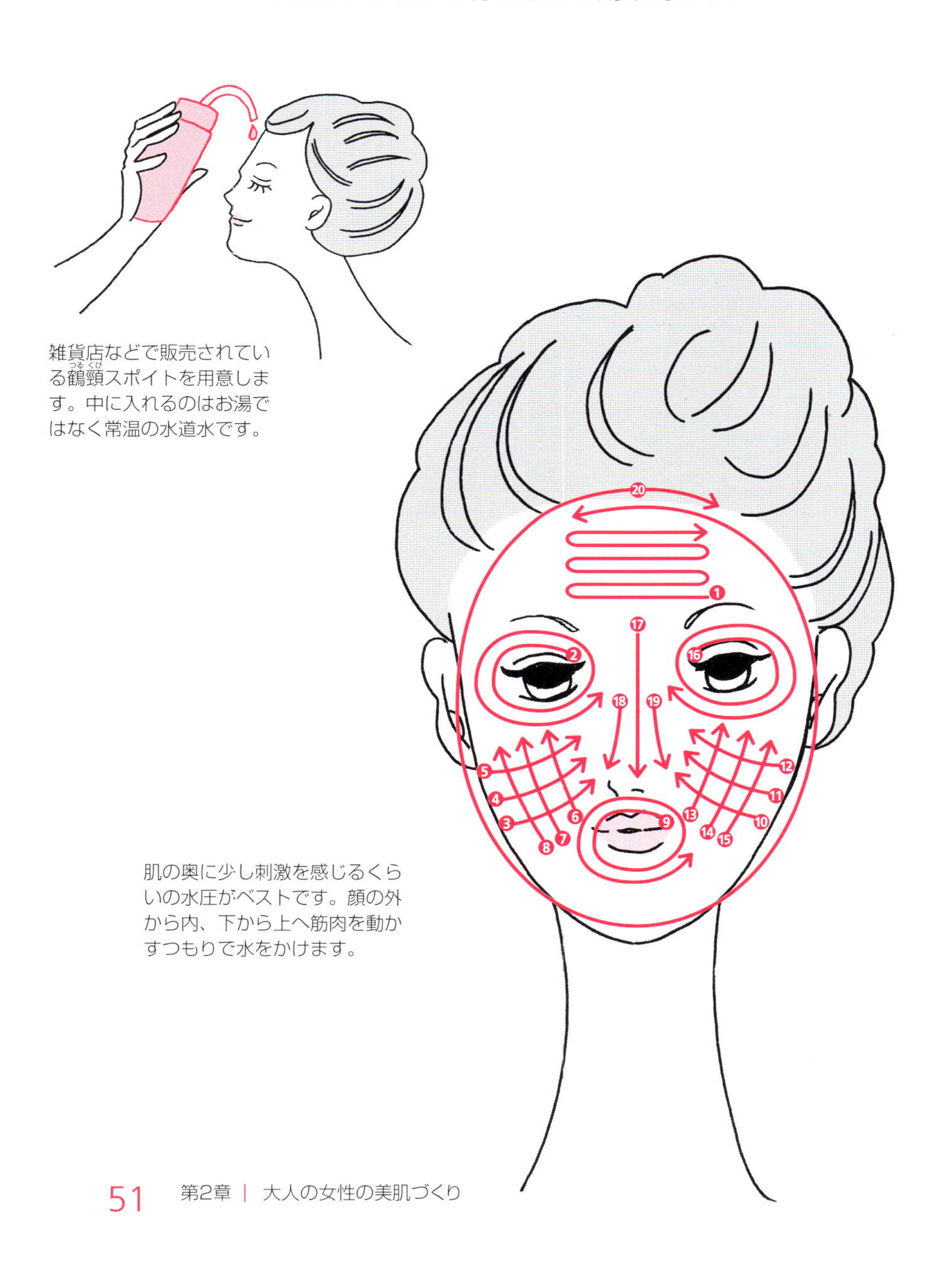

雑貨店などで販売されている鶴頸（つるくび）スポイトを用意します。中に入れるのはお湯ではなく常温の水道水です。

肌の奥に少し刺激を感じるくらいの水圧がベストです。顔の外から内、下から上へ筋肉を動かすつもりで水をかけます。

一点のシミに一喜一憂しない

スキンケアへのこだわりは世界一、といわれる日本女性。私がフランスの化粧品メーカーに勤めていたころ、現地のスタッフに「日本人の女性の肌は、きめが細かくて本当にきれいね」とよくいわれ、少し誇らしい気分になったものです。でも、パーフェクトな肌を求めるあまり、最近はちょっと神経質になりすぎているかなと感じることもあります。

たとえば毛穴やシミ、シワといった肌トラブルに関して。

欧米の女性は、あまりこれらに対して神経質にはなりません。真っ赤な口紅をキュッとさしたり、アイメイクに趣向を凝らしたりすることで、こういったマイナス要素を帳消しにしてしまう、そんな大らかさがあるのです。

対して日本人は顔、とりわけ一点のシミ、一本のシワ、ひとつの毛穴といった「局部的」なものにとらわれすぎているように思えてなりません。

さらに、これらを気にするあまり、ストレスで余計に肌を荒らしてしまっている女性がとても多いのも事実です。

「毛穴の開きが気になるんです。どうすればよいのですか」と、講演会などで必死に解消法を尋ねてくる方が大勢いらっしゃいますが、私はこうお応えしているんです。

「毛穴はあってあたりまえです。なければ生きていられませんよ」と。

みなさんは女性誌やポスターに大写しになったモデルの顔写真を見て、「毛穴レスのツルツルの美肌」とお思いかもしれません。でもはっきり申し上げます。

あれはコンピューターのなせるワザ。毛穴だってシミだってシワだって、写真から消すことができるのです。

でも、実際の肌にあるそれらを魔法のようにワンタッチで消す方法はないのです。

もちろん、私にもシミやシワはあります。甘いものを食べれば吹き出物だってできます。

でも「それが何なの?」と私は問いたいのです。

「昨日チョコレートを食べたから、ブツブツが出たわね。今度から気をつけよう」

これくらいの気構えでいいではないですか。

体がきちんと反応しているのだから、それは生きている証拠です。もう少し肩の力を抜いて、全身鏡で自分を見る時間を増やしてみてください。

それにシミやシワ、毛穴などは、気持ちを込めてお手入れすれば、いくらでも改善することができます。そんなストレスを抱え込むほど大騒ぎをする問題ではないのです。

大人の女性は、トータルで自分を見つめる余裕をもちましょう。

毛穴集中ローションパック

あらゆる肌トラブルに対応する佐伯式ローションパック。
脂浮きやTゾーンの毛穴の開きが気になるという方は、
その部分を集中的にパックすることをおすすめします。

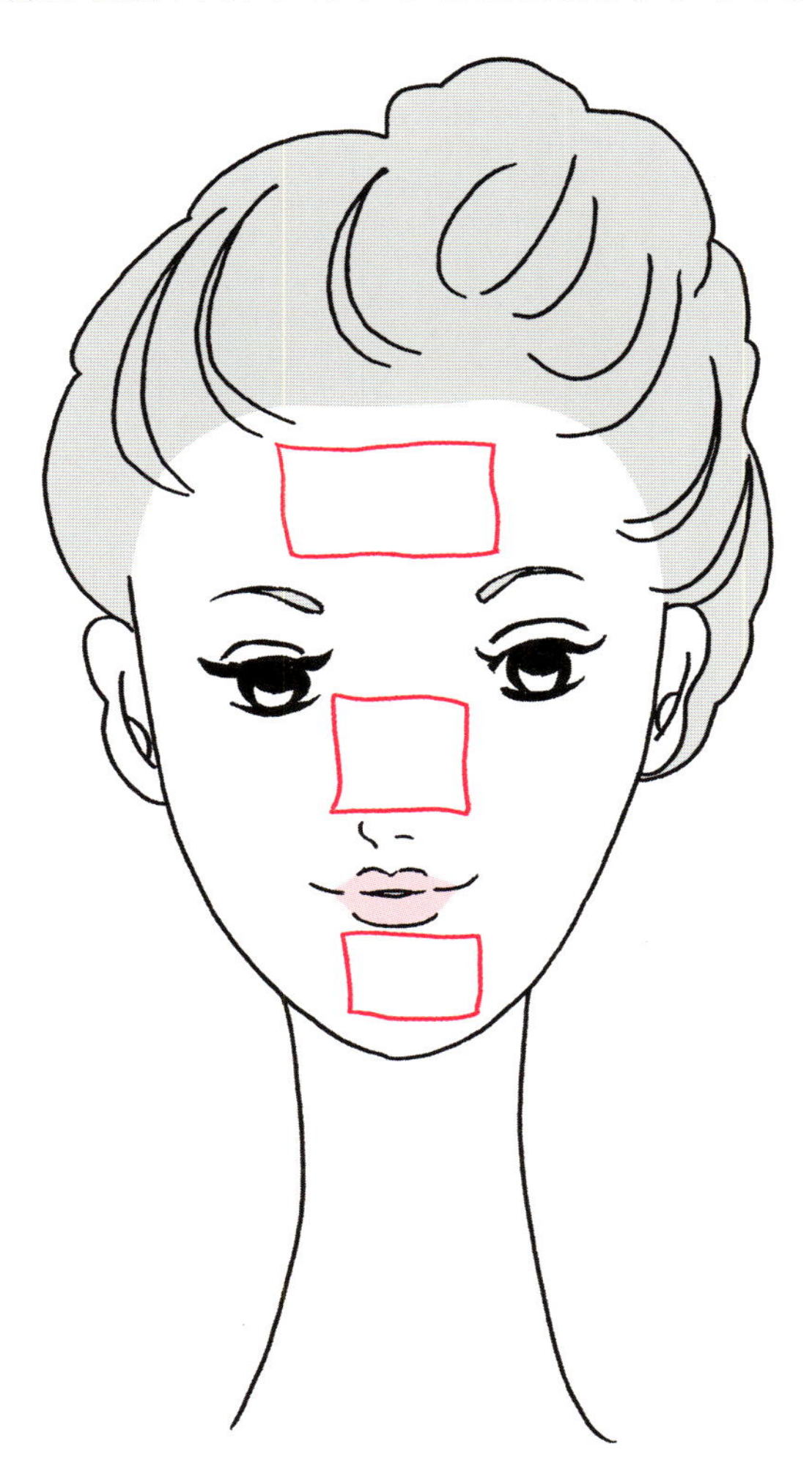

水で湿らせたコットンに化粧水を含ませ、2〜3枚に裂きます。額や鼻、アゴなど、皮脂分泌の多い箇所に貼ります（基本的なローションパックのやり方は38ページを参照）。肌表面が水分を含むことで皮脂とのバランスがとれ、過剰な皮脂分泌がおさまり、毛穴も整います。

美白2段パック［シミ集中ケア①］

シミは長年、紫外線にさらされたことが原因で
蓄積されたメラニン色素が
表面にあらわれたもの。
色の薄いものは
2段パックで対処します。

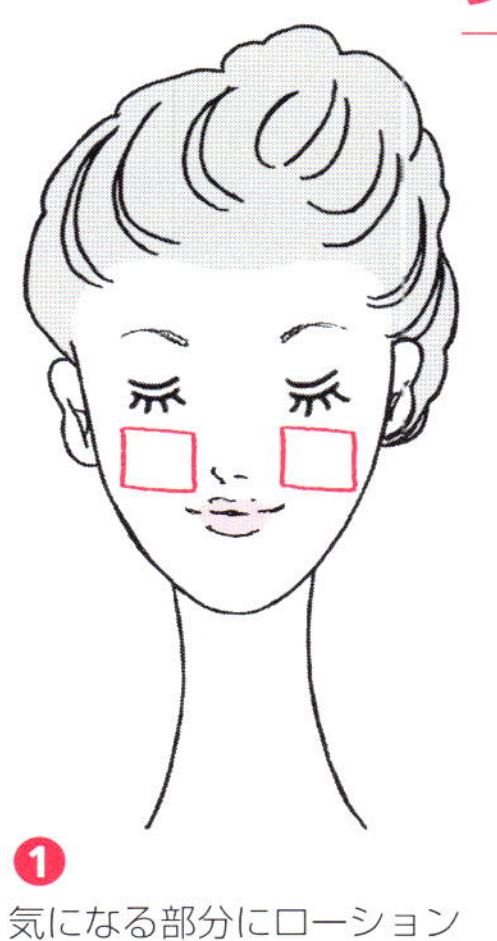

❶
気になる部分にローション
パックをします。

❷
クレイ状の美白パック
剤をシミの部分に塗
り、メラニン色素を吸
い上げます。

美白3段パック［シミ集中ケア②］

色の濃いシミには3段パックを。
あきらめずにお手入れすることが大切。

❶
気になる部分にローシ
ョンパックをします。

❷
クレイ状の美白パック剤を
シミの部分に塗り、メラニ
ン色素を吸い上げます。

②のパック剤をふき取ります。そして小さ
くカットして水で湿らせたコットンに、ビ
タミンC誘導体入りの美容液を含ませて貼
り、吸い上げたメラニン色素をキャッチ。
上からラップで覆うとさらに効果的です。
❸

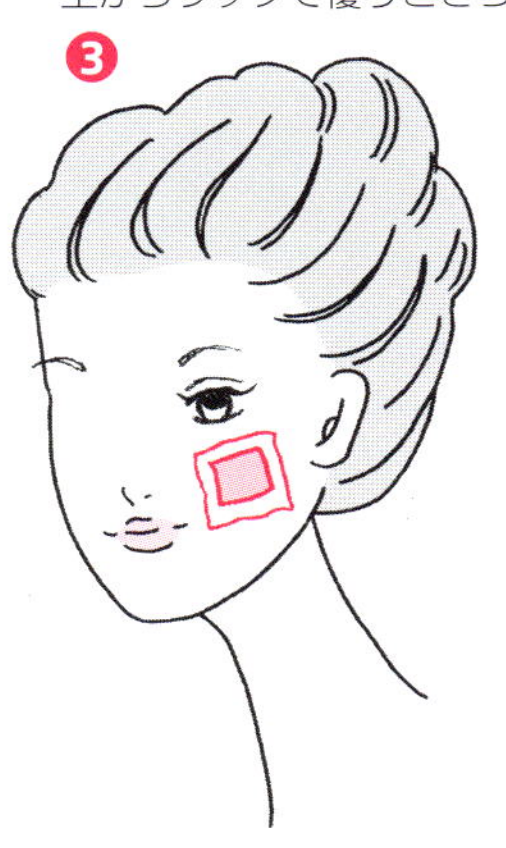

タテヨコ運動 [ほうれい線集中ケア]

シワは皮膚のクセが表面に記憶されたもの。
つまんで、ほぐして、引っ張るマッサージを根気よく続けましょう。

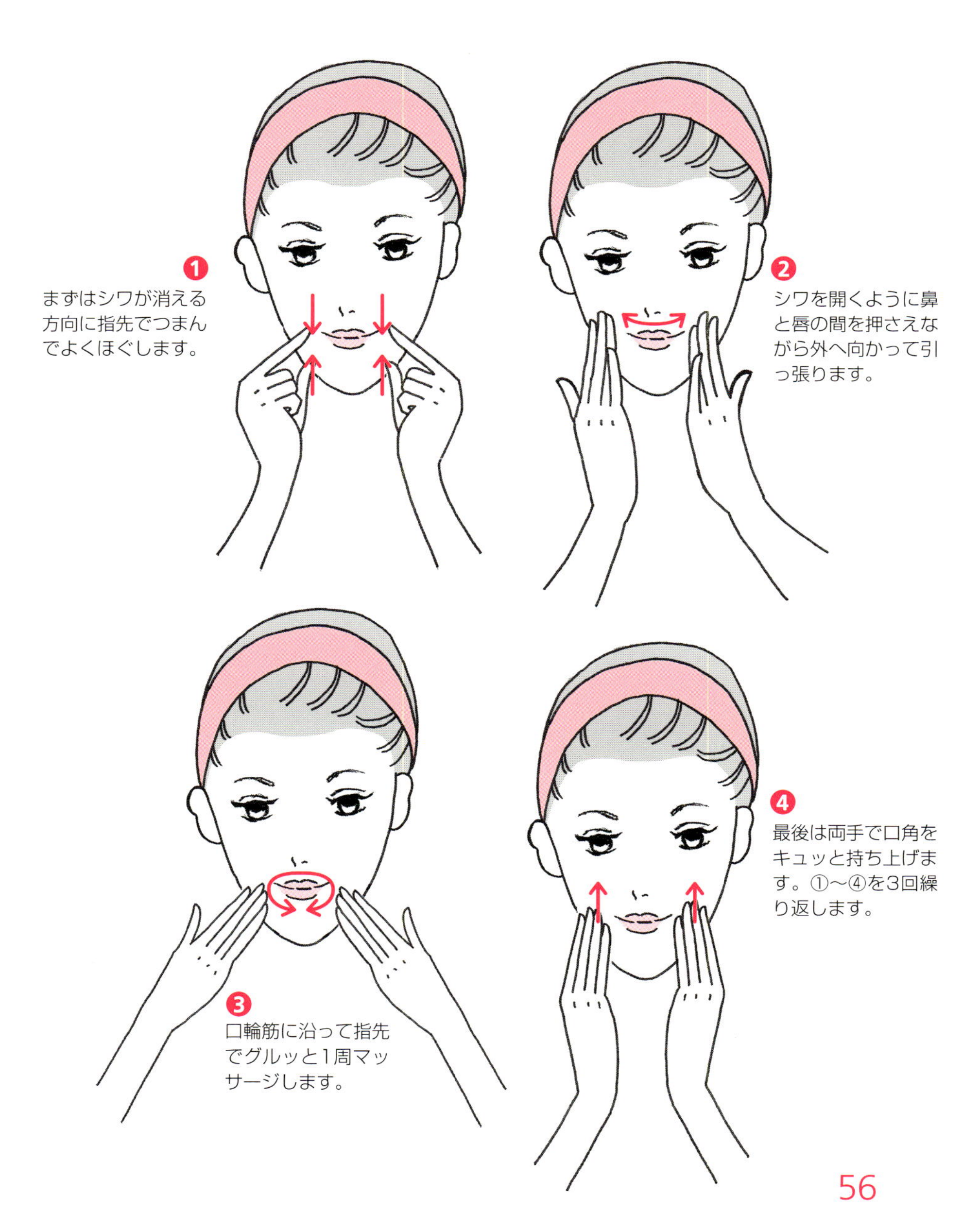

佐伯式「美肌マッサージ」

50代になるとシミ、シワ以外に、「たるみ」の問題が出てきます。その場合、ふだんの表情筋の使い方に注意するとともに、「美肌マッサージ」を取り入れてみましょう。

大切なことは、肌を強くこすったり揺らしたりするのではなく、押さえて圧力をかけたり、引き上げたりして、じんわりと筋肉に刺激を与えるということです。

まずは私が考案した「福袋マッサージ」。

これは、①プレス②ストレッチ③リフティングという3つのマッサージが一連の動きの中でできるというものです。プロのエステティシャンにも指導している、本格的なハンドテクニックが組み込まれています。肌への摩擦が少ないので、マッサージクリームを使わずに、そのまま行ってかまいません。

①手のひら全体を使って顔を左右両サイドからゆっくりと押さえます。

②手のひらを肌に密着させたまま、外側へ引っ張りましょう。

③そしてゆっくりとこめかみに向かって、手のひら全体で顔を引き上げます。

その状態で10秒間、止めましょう。これを3回、繰り返します。

さて、次はバスタイムを利用してできる「ナイトマッサージ」です。これは表情筋を活性化させるためのお手入れです。

まずは、湯船にぬるめのお湯をはって半身浴をし、体をよく温めます。しっかりと汗をかいて老廃物を出しましょう。

十分に毒素を出したあと、鶴頸スポイトに常温の水道水を入れ、顔の筋肉の流れに沿って「ウォーターマッサージ」（51ページ参照）をして顔の表情筋を活性化させます。

そしてお風呂から上がったら、すぐにローションパック（38ページ参照）をして肌を鎮静させます。

この「温める」→「冷やす」→「蒸す」という「温冷効果」によって表情筋が伸縮し、自然と顔の筋肉のエクササイズになるのです。

「美肌マッサージ」とはいえ、特別なマッサージクリームなど使わなくても、十分にお肌を活性化させることができます。

このマッサージを続けると、顔の筋肉に水分をぐいぐいと吸収する力がつくため、化粧品の浸透の仕方がまったく違ってきます。ぜひ習慣にしてみてください。

福袋マッサージ [万能たるみケア]

いつでもどこでもできる、たるみを改善するためのマッサージ。
輪郭にしまりがなくなったり、二重アゴが気になる方におすすめです。

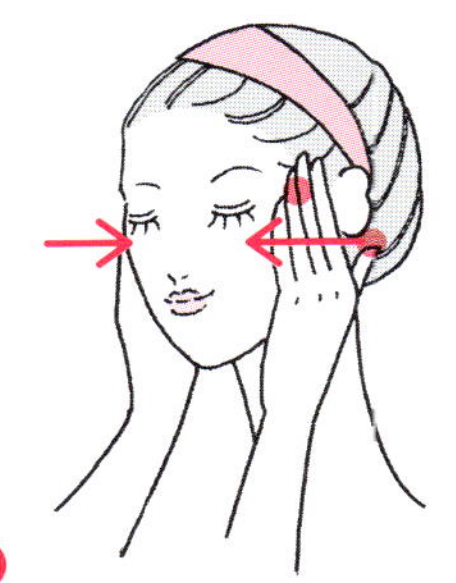

❶
耳の付け根の裏にあるくぼみを親指で、こめかみを中指で押しながら、残りの指と手のひらで顔全体を包み込み、肌に体温を伝えるように圧力を加えます。

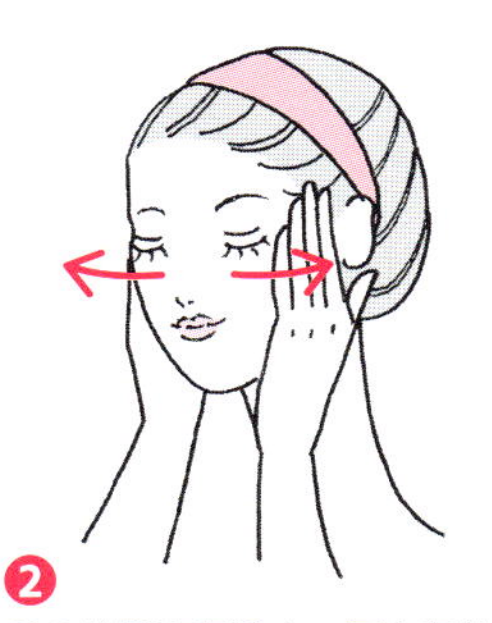

❷
手の位置は変えず、圧力をかけたままで顔の皮膚全体を外へ向かって引っ張ります。

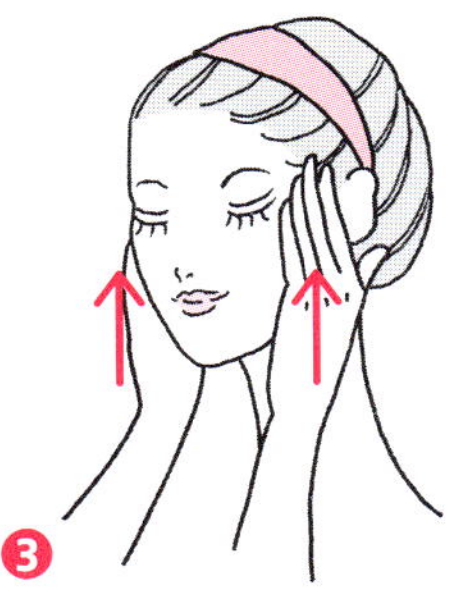

❸
さらにそこから皮膚全体を上へ持ち上げて10秒間止めます。圧力を加えることで、リンパの流れや血行もよくなります。

ナイトマッサージ [表情筋の活性化]

夜のリラックスタイムを利用したお手入れです。
心身ともにほぐれた状態で行うマッサージですから、
肌体力を復活させるためにも、定期的に取り入れましょう。

❶
半身浴で老廃物を出します。同時にラップパックをすると肌がいっそう喜びます。

❷
常温の水道水でウォーターマッサージ。血行もよくなっているので刺激が心地よいでしょう。

❸
ローションパックで肌表面を鎮静。このあとつける美容液の吸収力が高まります。

今さら聞けないスキンケア「基本のき」

自己流のお手入れを続けてきて、気づいたらシミ、シワが目立ってきたという女性は、往々にしてスキンケアの目的を理解していません。

「何のために化粧水をつけるのか」「美容液はなぜ必要なのか」「なぜ洗顔後、いきなりクリームをつけてはいけないのか」

こういった基礎がわかっていないから、化粧品は何を使ってもいい。つける順番もめちゃくちゃ。そうなると、当然、ご自分の肌への愛着もわきません。

遅すぎることは決してありません。今こそひとつひとつの化粧品の役目と、つける順番をマスターしましょう。基本の流れは、①クレンジングで汚れを落とす→②化粧水で肌を整える→③美容液で栄養を与える→④クリームで栄養分にフタをする、と覚えてください。

ではまず、お手入れ前にきちんと手を洗いましょう。そして、朝晩のスキンケアはまず肌を清潔にすることから始めます。

朝は起床したら鏡の前に立ち、前の晩に入れ込んだ化粧品が眠っている間にしっかりと浸透しているか、手のひらで肌に触れてチェックします。

それを確認したら、ぬるま湯でやさしく20回ほど洗顔します。眠っている間に汗をかきますから、髪の生え際も丁寧に洗ってください。

夜はクレンジング剤でメイクを落としたあと、同じようにぬるま湯で丁寧に顔をすすぎます。

佐伯式ケアでは基本的に洗顔料は使いません。なぜなら、クレンジングやぬるま湯だけで、十分に汚れは落ちるからです。

クレンジングのあとに洗顔料で顔を洗う「ダブル洗顔」は、肌を守ってくれる「常在菌」まで奪ってしまうため、乾燥や逆に毛穴の開きなどのトラブルを招くことになります。

日中、ほこりをかぶった、汗を大量にかいた、という場合は洗顔料を使ってもかまいませんが、通常はクレンジングとぬるま湯洗顔で十分です。

さて、肌が清潔になったら、次は化粧水を使って「ローションパック」をして肌をふやかし、次につける美容液が肌奥に浸透しやすくなるよう道筋をつけます。美容液は「肌の栄養剤」ですから、30代になったらつけることをおすすめします。

入れ込んだ美容液は、最後に乳液またはクリームでフタをして、栄養分を閉じ込めます。

これが「佐伯式スキンケア」の一連の流れです。

なお、化粧水をつけたら3分間、美容液をつけたらまた3分間という、「浸透タイム」を設けるのを忘れずに。これによって、それぞれの化粧品が肌にしっかりと働いてくれます。

朝のお手入れ手順

1 洗顔

基本はぬるま湯で20回すすぎ洗顔します。このとき、上下に手を動かすと、顔がしだいにたるんできます。顔は球形。中心から外側、下から上に向かって「丸く」洗うのがポイントです。

---

2 化粧水

時間がない朝も、できるだけローションパックを！　肌にたっぷりと水分を与えることで、日に焼けにくい肌、メイクのノリがよい肌になります。コーヒーをいれながらでもできるので、朝も行いましょう。

---

3 美容液

ローションパックをして3分おいたら、美容液、そしてまた3分後に乳液かクリームをつけます。肌のたるみを防ぐため、アゴから耳の前、鼻の下からこめかみという具合に、上に向かってＶ字に塗りましょう。

---

4 乳液またはクリーム

化粧水の水分と美容液の栄養分を閉じ込めるフタの役割をするのが、乳液やクリーム。Ｖ字を描くように塗り、最後は手のひらで顔を包んでなじませます。肌質によりますが、35歳をすぎたらクリームがおすすめ。

---

5 下地クリーム

スキンケアを終えた肌に、１枚の保護膜をつくると同時に、メイクのノリをよくしてくれるもの。最近は日焼け止め効果のあるものや、オークル系の色がついたものもあります。

---

6 日焼け止め用化粧品

外出をするときには必ず使用。室内にいるときも、塗ったほうがよいでしょう。日常生活ではＳＰＦ15～25程度で十分。脂浮きやベタつきが気になるときは、乳液と混ぜて使うのがおすすめです。

---

7 ファンデーション

ここからはメイクです。30代以降はリキッドタイプを使いましょう。時間を節約しつつ自然な仕上がりにするためには、6と7、または5と6と7をあらかじめ手のひらの上で混ぜてつけるとよいでしょう。

夜のお手入れ手順

1 クレンジング
まずはポイントメイクアップ・リムーバーでアイメイクと口紅を落とします。その後クレンジング剤でメイクや汗、皮脂など顔全体の汚れを落とします。30歳をすぎたらクリームタイプを使いましょう。

2 洗顔
クレンジングで汚れを落としたら、ぬるま湯で最低20回は顔をすすぎましょう。汚れは十分に落ちているので、クレンジングのあと、洗顔料を使って洗うのは基本的に不要です。

3 スクラブ洗顔
1週間か10日に1度、スクラブ剤を使って肌表面の古い角質を除去します。これは湯飲みについた茶渋をクレンザーで落とすのと同じ原理。ツブツブ感が気になる方は、洗顔料と混ぜて泡立てて使ってください。

4 化粧水
朝と同様にローションパックを3分間。時間に余裕があれば、ローションパックの上から、ラップやシャワーキャップ（鼻と口の部分をあける）を被せて5〜10分おきます。さらに肌がうるおいます。

5 美容液
肌の真皮部分を元気にしてくれる美容液は、大人の肌の必須アイテム。朝晩、必ずつけましょう。朝は美白系、夜は保湿系というように使う美容液を替えれば、呼吸が変わって肌が喜びます。

6 乳液またはクリーム
朝のお手入れと同様に、最後は乳液またはクリームでフタをして、水分・栄養分を閉じ込めます。35歳をすぎたら、乳液よりもクリームでしっかりとフタをするのがおすすめ。

beauty column

2

サンフランシスコでの不思議な体験

懐かしいサンフランシスコ。いよいよ、かつて住んでいたコンコードという町に向かう前夜、私は取材スタッフにこんな思い出話をしていました。

「家の近所に、『FLY』という名前のスーパーマーケットがあって、毎日のようにそこに行ったわ。家の裏には公園があって、主人が会社に行っている間に、近所の子供を連れて、よく遊びに行ったの」

ところが当日、家の周辺は覚えていても、道路事情が変わったため、車でコンコードに入ってから、どの道を進んだらよいかわからなくなってしまったのです。「たしか、こっち」そういって私が指差したのとは逆の方向に、取材スタッフはハンドルを切ってしまいました。「ごめんなさい」といったスタッフの口から、次の瞬間に出た言葉は、「あれ？ 『FLY』っていう看板がありますよ」

なんと、前夜に話したスーパーマーケットが、今はホームセンターとなって、同じエリアに残っていたのです。そこからは、パズルのピースをはめるように、あれよあれよという間に、34年前に住んでいた家にたどり着き、結果的に間違えたと思っていた道が正しかったのです。「あのまま違う道を進んでいたら、永遠にたどり着けなかったかも……」私たちは何か運命めいたものを感じました。

この世には目に見えない力が働いている。本当に行きたいという気持ちがあれば、導いてもらえる。そんなことを確信した旅でした。

第3章 化粧品との賢い付き合い方

「自然体」が美しい女性でありたい。
嘘（うそ）や隠しごとのない、ありのままの美。
そのために知的な大人の女性は、
知識と努力の積み重ねを怠（おこた）らないのです。

大人の女性の化粧品選び

うっすらと浮かんでいたシワが、深くクッキリとしてきたり、逆三角形だった顔が三角形になってきたり……。

これらは、肌の「深部」にガタがきている証拠です。

とくに40歳以降の化粧品選びは、真皮(しんぴ)を活性化させる美容液や、表情筋を元気にするマッサージクリーム、また首のたるみを防ぐために、ネックケア製品にも目を向けてください。

また、この世代になると、ジェルタイプや乳液タイプというサッパリしたものでは、肌が物足りなさを感じるようになるはず。お手入れの中心はクリームになります。

とくに、クレンジングクリーム、ネッククリーム、栄養クリームの「3大クリーム」は強い味方になるので、多少の出費は覚悟して納得のいくものを選ぶようにしましょう。

クレンジングクリームについては、さくらんぼ大、チューブ入りなら3㎝くらいの量を手のひらにとって、反対の手の指先で混ぜてあたためてから顔にのせ、メイクとなじませるようにして汚れをからめ取ります。

ネッククリームには、首に醜い横ジワを寄せないためのエラスチンやコラーゲンが含まれています。「栄養クリームで代用できませんか？」というご質問をよく受けますが、できれば専用のクリームを使ったほうが効果があらわれやすいのでおすすめです。

眠っている間に肌の中にしっかりと栄養分を蓄積するため、「栄養クリーム」は夜のお手入れの締めくくりとして、ぜひ取り入れてください。

さて、化粧品には美白系、リフティング系、保湿系など、いくつか種類があります。どれを選ぶか迷ったとき、みなさんはどうしていますか。

こういうとき、30代半ばをすぎた方は「保湿系」を選ぶのが正解です。

美白系の化粧品というのは、使えば肌が白くなるというものではなく、メラニンの生成を抑えて、シミ・ソバカスを防ぐものです。

一方、保湿系の化粧品は肌に水分を含ませることでシミやシワを目立たなくしたり、色を白く見せるという効果が期待できます。つまり乾燥対策と美白対策を兼ねているのです。

端的にいってしまうと、肌トラブルの多くは、肌に水分を与えることで改善することが可能なのです。

「迷ったら保湿系」。これが大人ケアの合言葉です。

なお、年代別の化粧品選びのポイントは、84～86ページを参照してください。

クレンジング／栄養クリームのつけ方

クリームはまず手のひらにとって反対の手の指で混ぜて
あたためてから塗ることが大切。この「ひと手間」が化粧品の効果を高めます。
塗り方の基本は「下から上」「内から外」です。

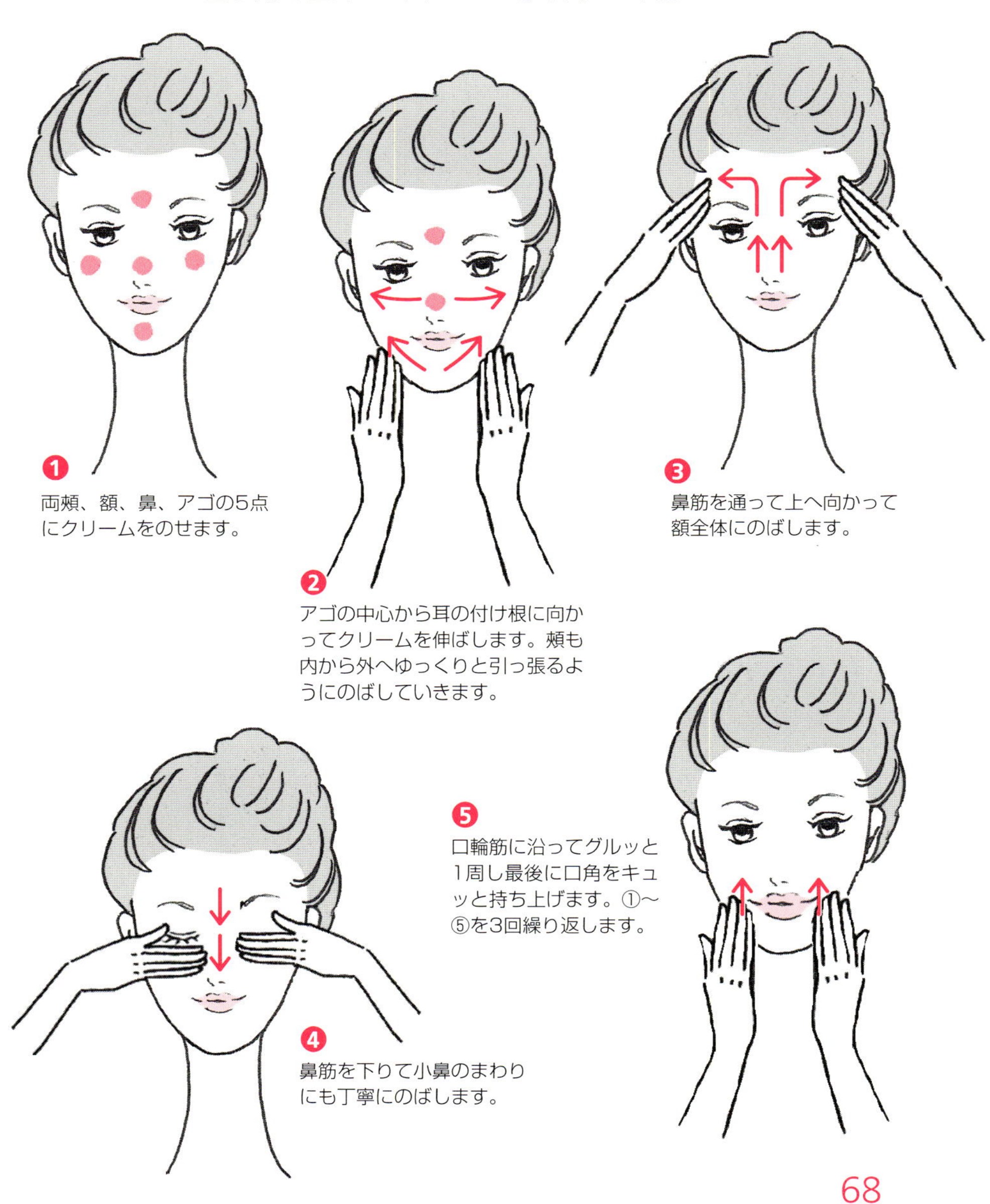

❶
両頬、額、鼻、アゴの5点
にクリームをのせます。

❷
アゴの中心から耳の付け根に向かってクリームを伸ばします。頬も内から外へゆっくりと引っ張るようにのばしていきます。

❸
鼻筋を通って上へ向かって
額全体にのばします。

❹
鼻筋を下りて小鼻のまわり
にも丁寧にのばします。

❺
口輪筋に沿ってグルッと1周し最後に口角をキュッと持ち上げます。①～⑤を3回繰り返します。

ネッククリームのつけ方

「デコルテまでが顔」です。首から胸元にかけてのお手入れも忘れずに。
ネッククリームもあたためてからつけましょう。

フェイスラインの変化

若いときの輪郭はたるみなどなく、全体的にシャープな逆三角形だったのが、
年齢とともに三角形に変わります。

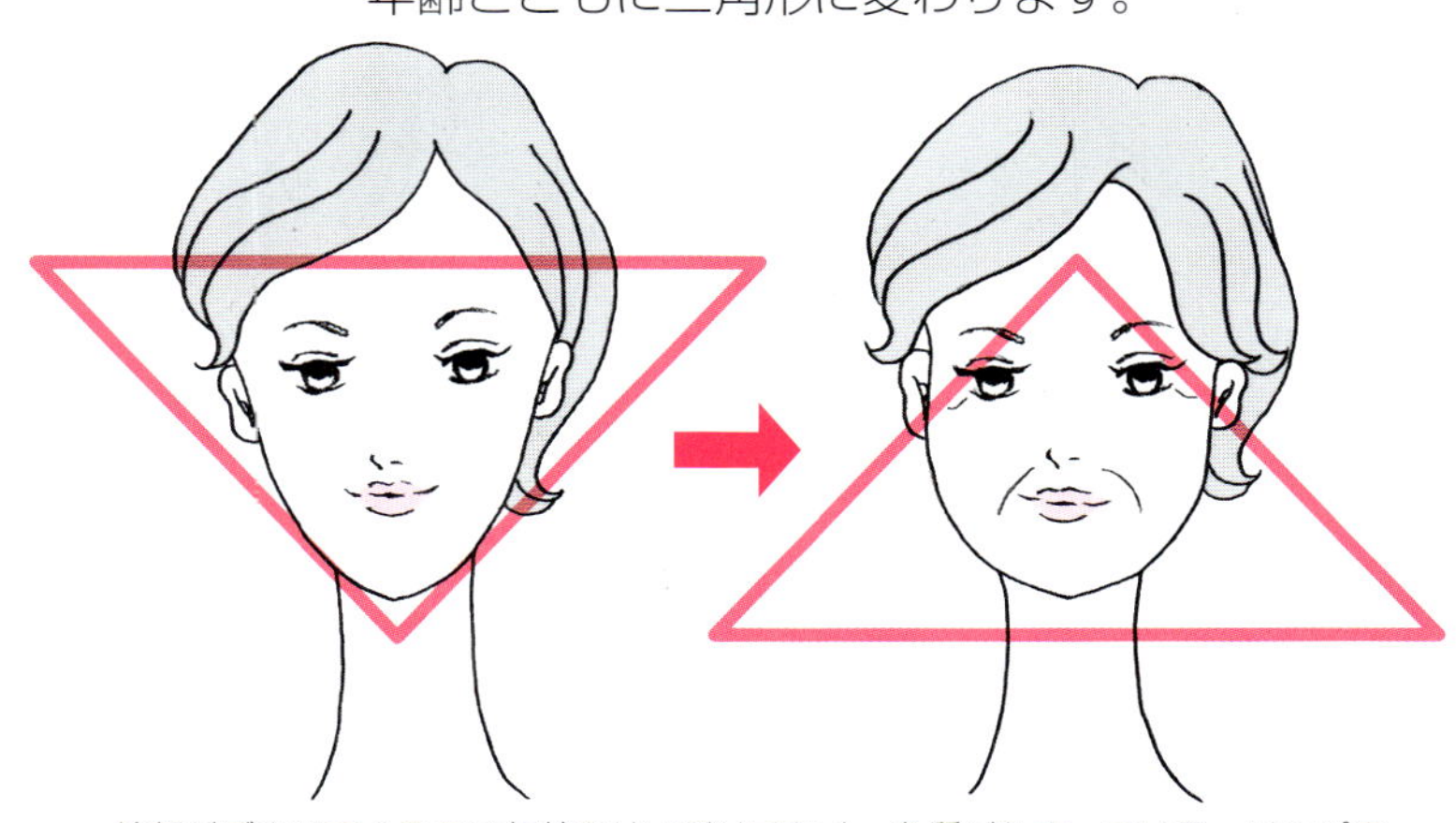

輪郭がぼやけてくるのは年齢のせいだけでなく、角質がたまっている、リンパの流れが滞っているなどのお手入れ不足が原因ということも考えられます。

香りを侮（あなど）ってはいけません

「香りはヘレナ・ルビンスタインとエリザベス・アーデンのスキンケア商品を成功に導いた鍵である。それまで病院のイメージがまとわりついていたスキンクリームを、二人が初めてほのかな香りのするクリームとして一般向けの商品にしたのだ。どろどろした薬品くさいクリームで、いったい若々しく美しくなれると思えるのだろうか？　この疑問がマダム・ルビンスタインとミス・アーデンの成功の基盤であり、二人は女性が何よりも求めているもの、すなわちみずみずしく芳（かんば）しい若さを約束したのである」（『ヘレナとエリザベス（上）』リンディ・ウッドヘッド著　桃井緑美子訳　アーティストハウスパブリッシャーズ）

これは20世紀に活躍した、世界の美容産業の創始者といわれるエリザベス・アーデンとヘレナ・ルビンスタインというふたりの女性の偉業を綴（つづ）ったものです。

約40年間にわたり美容の世界で生きてきた私も、やはり「香り」というものは、化粧品の大切な要素だと信じています。どんなにすばらしい成分が入っていても、香りが好きになれなければ、決してその製品を長く使い続けることはできません。

同様に、触感（しょっかん）も大事です。

「ベタベタする」「サラリとしすぎていて頼りない」「皮膚がふさがれるような感じがする」

このように感じてしまったら最後。それは、「美の味方」にはなり得ないのです。

そう、化粧品というのは薬ではありませんから、効き目だけで選ぶものではないということをみなさんに知っていただきたいのです。

最近は、インターネットや通信販売などで気軽に化粧品が買えますが、現物に触れることもなく、匂いも嗅がずに、口コミ情報だけを頼りに製品を手に入れるというのは、とても危険なことだと感じています。

化粧品を買うときには、必ず現物を自分の肌に塗って、次の3つをチェックしてください。

「香り」と「のび」と「なめらかさ」。

本来の目的に加え、この3点をクリアしてはじめて、買う価値があると私は思うのです。よい香りは人をリラックスさせてくれます。これが実は、肌にとてもいいのです。

私たち女性が毎日使う化粧品です。機能だけにこだわらず、「心地よい」という感覚を、どうぞ大切にしてください。

買うべきもの、買ってはいけないもの

体内の水分量が年齢とともに減少していくことは、第2章でお伝えしました。だからこそ、大人のスキンケアにおいては、「保湿」を心がける必要があるのですが、メイク用品を選ぶうえでも、やはり「水」を意識していただきたいと思います。

まず、顔全体に塗るファンデーション。

ただでさえ「つや感」がなくなってくるのに、わざわざつやを消すマットな質感を求める必要はまったくありません。30歳をすぎたら、パウダリーファンデーションは不要です。代わりにリキッドファンデーションや、クリームファンデーションで、みずみずしい肌をつくりましょう。

そして、頰にはぜひチークを入れてください。これは何をイメージさせるかというと、「お風呂上がりの肌」。つや感と血色、女性らしさが同時に得られるので、使わない手はないでしょう。これもパウダータイプよりは、練り状のものがおすすめ。

また、唇にウルウル感をもたらすリップグロスと、白目をきれいに見せるブルーのマスカラも、みずみずしさをアップさせてくれる心強いアイテムです。

一方、買ってはいけないものは、「隠すもの」。いわゆるコンシーラーの類(たぐい)です。写真撮影などの特別な場合はともかく、日常的に「化粧品で隠す」というクセをつけてほしくないのです。

コンシーラーを使ってシミやニキビ痕を隠すことを習慣化してしまうと、永遠に隠すメイクをし続けることになります。しかも、だんだんエスカレートしてメイクが濃くなっていくのは明白です。

それよりも、シミやニキビ痕はスキンケアで根本から改善していきましょう。根気よく続ければ必ず目立たなくなりますから。

自称「敏感肌」

「皮膚が薄くて敏感なので、どんな化粧品も合いません」
「日焼け止めクリームを使うと、すぐに顔が赤くなります」

こういう方たちに限って、ふだんのお手入れを聞くと、ピーリングやダブル洗顔、オイルクレンジングなどをしている。本当に「敏感肌」ならば、とてもじゃないけれど、このようなケアでは肌がもたないはず。どこか、いうこととやっていることの矛盾(むじゅん)を感じてしまいます。

「あら、お客さまは敏感肌ですね」

「お肌が薄くてデリケートですね」

そういわれると女性は「そうなんです」と、うれしそうにうなずき、「この人、話がわかるわ」と、財布の紐がゆるくなる。そこを化粧品の販売員は突くのです。

その結果、「そうなの、私って敏感肌なのよね……」と暗示にかかり、本当はそうではないのに、自ら敏感肌にしてしまうこともあります。

はっきりと申し上げます。日本は世界の中でも化粧品の基準が極めて厳しい国です。

しかも、化粧品の技術は日進月歩でレベルアップしており、いまや肌につけただけで、すぐにかぶれるとか、吹き出物がとまらないというケースは、非常にまれなのです。

それに、同じ化粧品をつけても、「昨日は調子がよかったのに、今日は何だかヒリヒリする」ということがありませんか?

たとえば、生理前になると吹き出物が出やすくなる人が多いように、私たちにはホルモンバランスというものがありますし、睡眠時間や精神的ストレス、食生活などもすべて肌状態に影響してきます。

事実、「化粧品をつけたら肌がピリピリした」という方に、よく話を聞いてみると、「昨日、スポーツをして汗をかきました」「サウナに行きました」「顔そりをしました」「子供とめいっぱい外で遊びました」という言葉が出てくる。

つまり、化粧品のせいではなくて、自分の体調や生活スタイルのせいということも、大いに考えられるのです。

ちなみに、「アレルギー」の場合は化粧品をつけてしばらくしてから、また、「敏感肌」の場合はすぐに反応が出るのが特徴です。

どうしても気になるならば、自分の使っている化粧品とその成分が書いてある説明書をもって皮膚科に行き、パッチテストをしてもらってください。自分の肌に合わない成分がわかったら、今後それが入ったものを買わないようにすればいいのです。

化粧品というのは気持ちのもち方ひとつで、毒にも薬にもなります。だから、自分の肌を敏感肌だと決めつけないで、もっと化粧品を愛(いと)しんでほしい。

そして、トラブルが出たときは、まず自分自身に原因がないかを振り返ってみてください。

肌を育てるというのは、女性にとって本来、とても楽しいこと。なのに、毎日ビクビクしながら化粧品を使うなんて、もったいないと私は思います。

メイクは「フチ」に手をかける

年齢を重ねるにつれて、どこか顔にキリリ感がなくなってきたと感じたら、メイクの際に「フチ」を意識してみましょう。それだけで、ぐっとシャープな表情を生むことができます。

具体的にあげると、眉、目、唇などの輪郭。ここは年齢とともにぼやけてくる箇所なのです。眉に関しては、毛抜きで眉毛の処理をしてきた人はもちろん、そうでなくても、10代、20代のころのような毛量はなくなってきます。

とくに眉頭が寂しくなると貧相な印象を与えてしまいます。まずはアイブロウブラシで毛流れを整えたあと、アイブロウペンシルを使って、一本ずつ毛を植えるような気持ちで、丁寧に眉毛を描き足してください。眉頭をしっかり描けば、若々しい印象になります。

眉全体をグレー、中心部分にブラウンというように、2色で仕上げると立体感が生まれます。最後は眉用のブラシにコットンを絡ませ、眉の上から軽く全体をぼかせば、自然な仕上がりになります。

目元に関しては、ポイントは目尻です。

年齢とともに下がってくる目尻を引き上げて見せるには、上手にアイラインを使いましょう。

まずはテラコッタ・カラー（レンガ色）のアイシャドウを、まぶたの黒目の外から目尻の部分にのせます。そしてアイライナーを使ってやや上げ気味にラインを引きます。

アイライナーの色は紺色やピーコックカラー（クジャクの羽のような色）がおすすめです。この色は白目の部分をきれいにみせてくれるのです。

最後は唇です。この部分も年齢とともに輪郭がぼやけてきますので工夫が必要です。

口紅を塗るときには、必ずリップペンシルを使って、しっかりとまずは「フチどり」をしましょう。こうすることで、口紅のにじみを防ぐこともできます。

そのあとリップブラシを使って丁寧に口紅をのせます。

色選びですが、青みがかったピンクや奇抜な濃い赤は避けて、清潔感や知性が感じられるテラコッタ・カラーがおすすめです。

大人の女性になったら、「フチどり」をする、あるいはブラシを使うなどの「ひと手間」が、顔の印象を大きく変えるということを、どうぞお忘れなく。

そして、アイブロウペンシル、アイライナー、リップペンシルの3本は、必ず化粧ポーチに入れておきましょう。顔全体の化粧直しをしなくても、「フチ」さえ整えれば、いつでもキリリ感を手に入れることができますから。

正しい眉の描き方・整え方

眉を整えるとき毛抜きで抜くとそこからばい菌が入ることもありますから、
飛び出た毛は専用のハサミでカットするようにしましょう。

❶

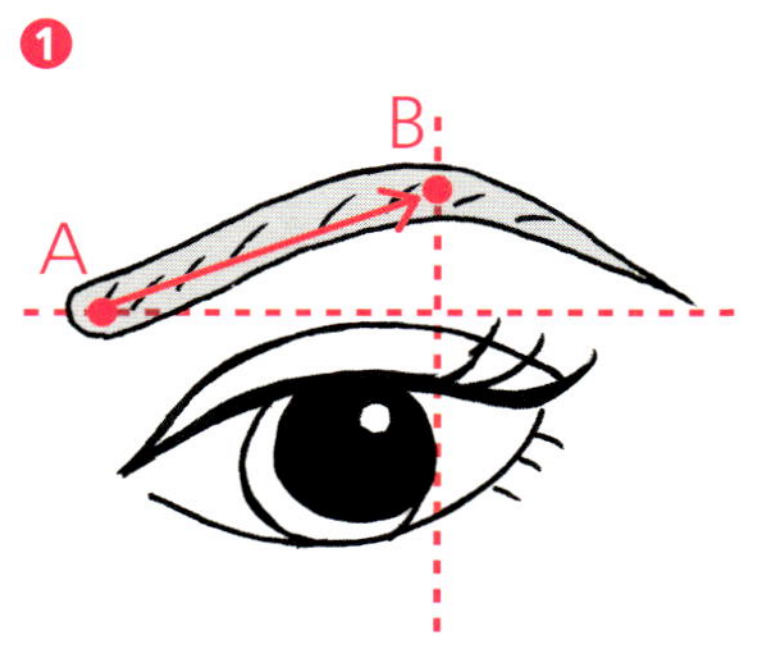

グレーのアイブロウペンシルで眉頭（A）と眉山（B）をまず一気に結び、あとは緩（ゆる）やかに流します。

❷

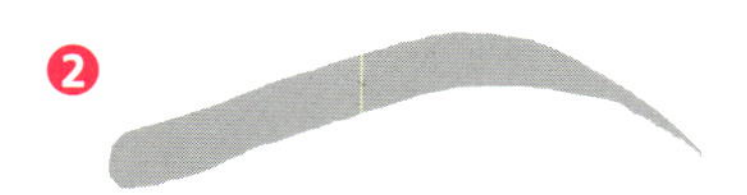

全体の形をグレーのアイブロウペンシルで描き、中も１本ずつ描くように埋めます。

❸

隙間部分をブラウンのアイブロウペンシルで描き足すと、眉に立体感が出ます。

自然な眉の仕上げ方

いかにも「塗りつぶしました」という感じにならないよう、
ひと手間かけて自然な仕上がりにしましょう。

❶

眉用のブラシをコットンの上で左右に数回滑（すべ）らせて、毛先にコットンの繊維を絡ませます。眉の上をそれで軽くなぞると、自然なぼかしが完成。

❷

上がり目に見えるアイラインの入れ方

下がり気味の目尻にキリリ感を出す方法です。
アイシャドウとアイライナーをうまく使ってみましょう。

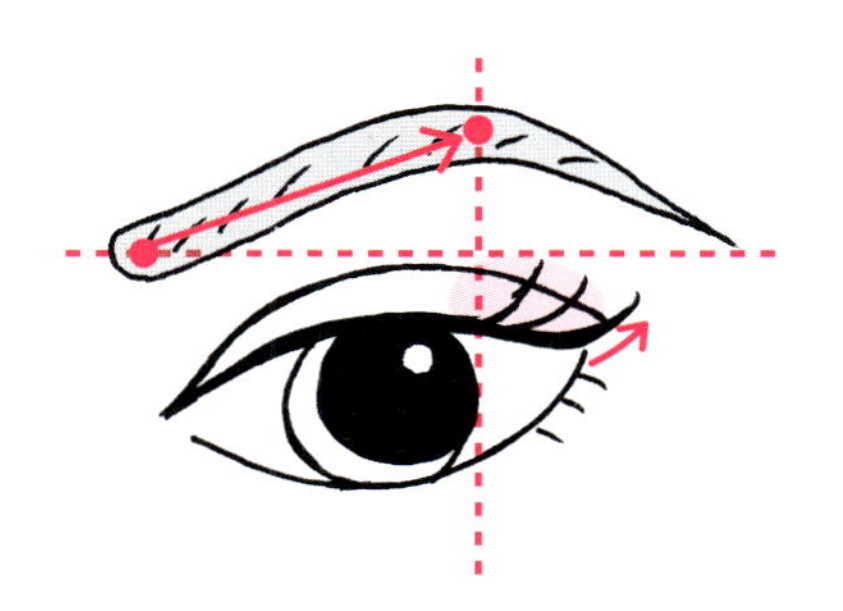

黒目の外から目尻の部分にテラコッタ・カラーのアイシャドウを入れます。その上からアイラインを上向きに引きます。

にじまない口紅のつけ方

口のまわりは筋肉が衰えるとシワになりやすいのでケアを忘れずに。
みずみずしい唇をつくりましょう。

❶

まずリップペンシルで唇の輪郭をフチどりします。

❷

リップブラシを使って中を塗りつぶします。

❸

唇の中心部分にリップグロスを塗り、つやつや感を出します。

「人工美」から「素肌美」への回帰

私が化粧品の世界に飛び込み、無我夢中で美容のノウハウを学んでいた、１９６０〜70年代の日本は、まさにアメリカ化粧品の全盛期でした。

レブロン、マックス ファクター、エリザベス・アーデン、エスティ ローダー、ヘレナ ルビンスタイン……。

いわゆる「舶来もの」が日本の化粧品業界を席捲していったのです。

フランスの化粧品が肌理論に基づいた癒しや、オートクチュールの優雅な世界観を体現したものだったのに対し、アメリカの化粧品というのは、まさにマーケティング戦略そのもの。肌のことを語る以前に、とにかく売れることが第一。そのためには、女性に夢をみさせなければならなかったのです。

アメリカには、ハリウッド映画という一大エンターテイメント産業があります。そういった夢の世界に一般の人を連れて行くのが、アメリカの化粧品メーカーは得意でした。

ハリウッド映画に出てくる、目の覚めるような真っ青なアイシャドウだとか、マリリン・モンローを思わせる、妖艶な真っ赤な口紅など、ビジュアルに訴えかける効果は絶大でした。

日本人のように、化粧水をつけて、美容液をつけて、クリームを塗って、という細かなステップを踏むのではなく、一気にきれいにしたい、自分を最大限にアピールしたい、そう考えるのがアメリカ女性。だから化粧品店でも、まずは「メイク用品」ありきでした。

そんなアメリカに２００７年4月、実に34年ぶりに行ってきました。そこで、どこか以前とは違う流れを感じたのです。

「自己アピール」が得意なアメリカ国民が、ようやく「肌を育てる」ことの大切さに気づいたのでしょうか、店頭や雑誌などを見ていても、「素肌美」を重視し始めているのは確かです。これは、ちょっとした驚きでした。

たとえば、雑誌の広告には「ボトックス注射は半年しかもたないけれど、スキンケアなら永遠の肌が手に入る」というようなことが書いてあるのです。

アピールの国、瞬間の美を求める国でさえ、素肌をきれいにするという原点に目を向け始めている。世界的に「自然な美しさ」が見直される時期にきていることを確信しました。美肌師・佐伯チズとしては、うれしい限りです。

この流れが世界にも広まって、佐伯式ローションパックが「世界の共通語」になることが、目下(もっか)の私の夢なのです。

夢いっぱいのアメリカのコスメ

第4章でご紹介しているとおり、アメリカへ旅をしてきました。
サンフランシスコ滞在中に「セフォラ（SEPHORA）」という
化粧品チェーン店を訪問し、たくさんのテラコッタ・カラーの商品を発見！

キャンディのようにかわいらしいアイシャドウ。アメリカ製。各＄12.50

フランスのブランド、カーゴのフェイスパウダーと頬紅、鮮やかなブルーのアイシャドウ。フェイスパウダー＄25～／アイシャドウ＄16

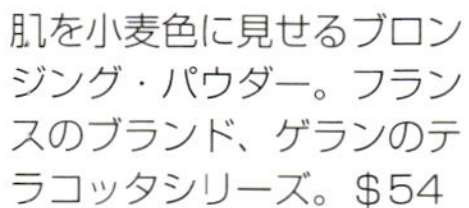

肌を小麦色に見せるブロンジング・パウダー。フランスのブランド、ゲランのテラコッタシリーズ。＄54

肌を小麦色に見せるボディ用のスプレー。ゲランのテラコッタシリーズ。＄38

フランスのブランド、ブルジョワの製品。板チョコをイメージした遊び心いっぱいのブロンジング・パウダー。各＄18

脂取り紙と皮脂を吸収する白粉（おしろい）がセットされたコンパクト。見た目はメモ帳。7㎝×11㎝。＄32

セフォラ・オリジナルのつけまつげ。手ごろな価格でメイクが楽しめます。＄8

キラキラのラメがついたつけまつげ。気軽に楽しみたくなります。＄9

指輪に見立てて容器まで凝っていますが、これはリップグロス。各＄6

アメリカのフィロソフィというブランドのスキンケア商品。アメリカでも美肌に対する意識が高まっているようです。＄68

フランスのブルジョワの頬紅。きれいなテラコッタ・カラーです。価格＄14

（注）すべて参考商品。価格は2007年4月現在のもの、税別。日本からの通信販売による購入は不可。

30歳からの化粧品選び

Point! しっかりと表皮ケアを

「ある日、鏡を見たらシミがくっきり」というように、これまでにない肌トラブルに見舞われるのが30代。その焦りから、さまざまな化粧品を使い、肌が「栄養過多」になってしまうことも。ときには化粧品をつけない「肌断食」を取り入れて、肌をリセットしましょう。またパック剤を上手に使えば、肌に透明感が甦(よみがえ)ります。

クレンジング

ミルクタイプ、またはクリームタイプのもので、汚れを浮かせるようにクレンジング。ミルクタイプを選ぶ場合は、クリームに近い「硬さ」のあるものがよいでしょう。30代に入ったら、さっぱり系よりも「コク」のあるものを！

洗顔

おすすめは、ムースまたはフォームタイプですが、きちんとクレンジングをすれば、洗顔料を使わず、「素洗い」で十分。ただし、週に1度は「スクラブ剤」を使った角質ケアを。スクラブ剤のツブツブが気になる場合は、洗顔料と混ぜて使ってみてください。

化粧水

抱えている「トラブル」に応じて選びます。たとえば、シミが気になるなら「美白タイプ」、カサつきなら「保湿タイプ」を。10代、20代の頃とブランドは同じでも結構ですが、ワンランク上のラインを選ぶようにしましょう。

美容液

30歳になったら、「真皮」部分に栄養を送り込み、肌に「弾力」を与えてくれる美容液は必須です。化粧水と同様、トラブルに応じて、美白系・保湿系・リフトアップ系などの中から選択します。迷ったら、「保湿系」を。

スペシャルケア

「くすみ」「シミ」などが気になり始める世代。肌全体の透明感をアップさせるためにも、「美白パック」を取り入れてみてください。選ぶのは、クレイ（粘土）タイプの美白パック。これで、メラニン色素を抜いていきます。

乳液／クリーム

肌をやわらかくし、乾燥を防ぐという意味で、最後の「フタ」はクリームがおすすめです。乳液の場合はクリームに近いものを。クラランスをはじめ、30代向けのラインを出しているブランドもあるので、チェックしてみましょう。

下地

下地と日焼け止め化粧品の両方を用いて、外部の刺激から肌をプロテクト。下地については、ミルクタイプとクリームタイプのものがあるので、つけ心地や肌の調子と相談して選んでください。「夏はミルクタイプ、冬はクリームタイプ」という使い方も賢明です。

40歳からの化粧品選び

Point! 真皮ケアを始めること

40歳になったら、表皮ケアだけでは不十分。
たるみやシワは、肌の「深部」がもろくなることから生じる場合が多いのです。
肌の「基礎体力」アップには、「真皮」や「表情筋」に働きかけるケアが必要です。
お手入れにぜひ「マッサージ」を取り入れて。肌を内側から活性化させます。

クレンジング

ジェルタイプやミルクタイプからは卒業。肌や筋肉に負担をかけない、クリームタイプを選びます。たっぷりの量（目安はさくらんぼ大）で、顔と手の間に「クッション」をつくりながら、やさしく汚れを落としましょう。

洗顔

よほど汗をかいたり、ほこりをかぶったりしていない限り、洗顔はぬるま湯による「素洗い」でＯＫ。ただでさえ、肌の水分が減っていく世代。「洗いすぎ」は禁物です。洗顔料を使うなら、ムースタイプを選んでください。

化粧水

基本は「保湿系」。保湿というのは、シミ、シワ、くすみなど、あらゆるトラブルに対応してくれるのです。この世代特有の「たるみ」には、「リフティング系」の化粧水を。朝は美白系、夜は保湿系のように、化粧水を朝晩で使い分けてもかまいません。

美容液

真皮部分を元気にしてくれる美容液は、朝晩必ず使いましょう。化粧水と同様に、基本は「保湿系」。たるみが気になるときは、「リフティング系」を選びます。頬にはリフティング系、ほかは保湿系という「部分づけ」もＯＫです。

スペシャルケア

40歳になったら、ぜひ「マッサージ」を取り入れて、肌の「基礎体力」の底上げをしましょう。市販のマッサージクリームを使ったたるみ予防のほか、水を利用した「ウォーターマッサージ」（51ページ参照）もおすすめです。

乳液／クリーム

断然、「クリーム」がおすすめ。水分や栄養分を肌から逃がさないためです。40歳になると、ついリッチな化粧品に目がいきますが、クリームは値段ではなく、目的で選んでください。この世代に多い「たるみ」にはリフティング系がおすすめです。

下地

下地と日焼け止め化粧品の両方を使いましょう。これらは、混ぜて使ってもかまいません。そして、よほど強い紫外線にあたらない限り、ＳＰＦの数値は15～25程度で十分です。肌に負担をかけない範囲で、年間を通じて紫外線対策を心がけてください。

50歳からの化粧品選び

Point! コクがあって上質なものを

食べ物に関して、「量よりも質」という傾向になる世代。
「肌の食事」である化粧品も同じです。若者向けのさっぱりとした化粧品を
やみくもに使うのではなく、「コク」のある上質な化粧品を、丁寧につけること。
さらに、年に3回の「集中ケア」を取り入れれば、いつまでも若々しい肌に。

クレンジング
涙や目ヤニが出やすい世代。ポイントメイクアップ・リムーバーと綿棒を使って、目元のクレンジングを念入りにしましょう。顔全体のクレンジングにはクリームタイプを使いましょう。ジェルや乳液タイプのものではなく、しっかりとコクのあるものが理想です。

洗顔
基本は、ぬるま湯による「素洗い」。洗顔料を使うときには、肌にやさしいムースタイプを選びましょう。「スクラブ剤」を使った角質ケアは必須です。10日か半月に１度でいいので、肌アカを落とし肌をやわらかくするために行ってください。

化粧水
シワ、たるみ、乾燥など、肌の悩みに応じて選んでください。値段が高いほどよいとは限りませんが、3000円以上を目安に選ぶよう、50代以上の方にはおすすめします。ローションパックはコットンを5枚に裂くのが難しければ、2枚でも構いません。

美容液
50代は細胞レベルから、肌を活性化していく方向でお手入れしましょう。そのための美容液としては、「コラーゲン」「エラスチン」「ヒアルロン酸」といった、細胞に関係する成分が入ったものがよいでしょう。わからなければ、店頭で聞いてみてください。

スペシャルケア
春先（2～3月）、初夏（5～6月）、秋（10月）という、季節の変わり目の年3回、肌の土台を立て直すという意味で、「集中ケア」を取り入れましょう。肌理論にこだわった、ヨーロッパ系メーカーの専用キットがおすすめです。

乳液／クリーム
美容液と同様に、「細胞」を意識した、ハリや弾力を高めるものを選びましょう。こういった条件を満たしたものは、「コクのあるクリーム」であることが多いものです。テスターで実際に感触を試して、手ごたえのあるものを選びましょう。

下地
乾きやすい50代の肌は、紫外線の影響を受けやすいため、下地と合わせて日焼け止め化粧品をたっぷりと塗ります。日焼け止めクリームは、ＳＰＦの数値が高いものほど肌がパサつきがちになります。だから、ＳＰＦ15～25のものをこまめにつけるようにしましょう。

第4章 旅から始まる「心」革命

自分を「ゼロ」にリセットする処方箋(しょほうせん)、

私にとってそれは「旅」です。

心の中を見つめ、五感を研(と)ぎ澄(す)まし、

新しい「自分」を見つけにいきましょう。

懐（なつ）かしのサンフランシスコへ

２００７年４月５日。私は実に34年ぶりに、アメリカの大地を踏みしめました。

今回の旅の目的はふたつ。ひとつは、28歳のときから2年間、亡き主人と過ごしたカリフォルニア州サンフランシスコ郊外のコンコードという町を訪れること。もうひとつは、アリゾナ州のセドナという「パワースポット」のある町に行くことです。

「セドナには地球のツボである『ボルテックス』と呼ばれる、すごいエネルギーを発する場所があって、不思議なパワーが感じられるらしい」

こんな話を耳にしたのは、1年ほど前のことでしょうか。

「興味あるわ」「行ってみたいな」「よし、行こう！」

トントン拍子でサンフランシスコ経由、セドナ行きが実現することになりました。

東京から10時間、懐かしのサンフランシスコに到着。空港も町も様変わりしていました。

しかし、坂の多いこの町の大切な交通手段であるケーブルカーが往来する風景は変わっていませんでした。

時差による疲れも、大好きなアメリカにいるという喜びと興奮が吹き飛ばしてくれました。

そして翌日、スタッフとともに車でコンコードの町へと向かいました。

「主人と暮らしたあのアパートはまだあるかしら……」

期待と不安でいっぱいでしたが、この目で確かめたいと思いました。

当時、片言の英語しか話せなかった私は、毎日のように近所のスーパーへ食料品の買い出しに行っては、生の英語を体当たりで習得しました。その店がありました。よく散歩をした池のある公園もあった。

「アパートはこの近くのはず……」

まるで私たちは導かれるように、そのアパートにたどり着いたのです。

大家さんこそ替わっていたものの、当時のまま残っていました。

今は人さまが住んでいる懐かしい25号室の前まで行ってみました。もちろん、日本から連れてきたフォトフレームの中の主人とともに。


当時よく散歩をしたアパート近くの公園にて。

パワースポットを訪ねて

幸先のよい旅の始まり。

翌日、私たちはUSエアーに乗って、アリゾナ州フェニックスへ飛びました。そこから車で2時間北上し、お昼近くに目的地のセドナに到着。

大地が赤土に覆われたその町にはどこかのんびりとした空気が漂っており、人々がみな穏やかな表情をしているのが印象的でした。世界的に知られるパワースポットの不思議な力を求めて、各国から人々が訪れていました。

セドナには主要なボルテックスが4ヵ所――「エアポート・ボルテックス」「レッド・ロック・クロッシング／カセドラル・ロック・ボルテックス」「ボイントン・キャニオン・ボルテックス」「ベルロック・ボルテックス」――に点在しています。

それぞれ「男性のパワー」「女性のパワー」「バランスのパワー」そして上の「3つのパワーすべて」と、備えているパワーが異なります。自分の心と向き合って、いま自分に足りない力をもらうことができるボルテックスを選びます。

私たちは最初にセドナの町が一望できる、小高い丘の上にある「エアポート・ボルテックス」

に向かいました。

到着したとたん、私はとても不思議な感覚に襲われました。強い引力のような、自力では抵抗できない、大地の力に吸い込まれるような感覚です。まわりの木々もこれまでに見たことのないような形をしています。大地のエネルギーを吸い取った太い根が四方八方から集まり、1本のうねった幹をつくっているのです。それがボルテックスのいたる場所にはえています。

小高い丘の頂上にたどり着きました。

そこには静かに瞑想する人もいれば、腰痛を患っているとおぼしきご主人を大地に横にさせ、腰をさすっている女性もいました。みんな、思い思いの方法で自分と向き合っています。

私も木陰に腰を下ろし、そっと目を閉じてみました。

日本での仕事のこと、アメリカで主人とともに暮らした日々のこと、死んだ母親のこと……。さまざまなことが頭をよぎり、感謝をしたり懺悔をしたり。

ふだん慌しく日々を送っていると、なかなか自分と深く向き合うことができません。そういう意味でも旅は必要。ある意味で「人生の解毒」であり、またエネルギーをいただくことができる貴重な時間であると、今回改めて感じました。

「美容論は精神論」。そう冒頭でお伝えしましたが、やはりきれいになるためには、心の垢をときどき落としてあげる必要がありそうです。

上：「エアポート・ボルテックス」からセドナの町が一望できます。砂漠地帯ですがオーク・クリークという川が流れているので、緑も豊かなのです。

左：オーク・クリークの流れに沿っていくと、正面に見える「カセドラル・ロック・ボルテックス」が発する強いエネルギーを感じました。

下：幹に触れると樹木の生命が私の体内に入ってくるのを感じました。自然と目を閉じ、祈り始めていました。

下：「エアポート・ボルテックス」は小高い丘になっています。15分ほど登ると、このように複数の根がねじれて1本の幹になった樹木がそこかしこに生えています。

旅は五感を磨くチャンス

私たちはセドナの中心部にあるロス・アブリガドスというキッチンとリビングの付いた、長期滞在型のリゾートホテルに宿泊しました。

耳をつんざくような鳥の声で目覚め、澄んだ空気に抱かれながらアメリカン・ブレックファストをいただく。至福のひとときです。

湿った土に慣れ親しんでいる私たちには新鮮な、サラサラの赤土で覆われた大地。2ヵ所めのパワースポット「ボイントン・キャニオン・ボルテックス」では、ときに立ち止まって花の匂いを嗅いだり、虫や木々とたわむれながら、パワースポットを目指して赤い大地を5時間歩きました。こんなに歩いたのは何年ぶりだったでしょう。

見たことのない砂漠の草木や色鮮やかな花、風の香りや動物の声……。

ふだん忘れているものを総動員して、全身で活動しているという感覚。まさに一日を「生きる」というのはこういうことをいうのでしょうか。

目、耳、鼻、舌、皮膚の五官のすべてが研ぎ澄まされていきます。

もちろん、ふだんもこれらの感覚を使ってはいるのですが、自然の中に身を置くと、その感覚が格段に増幅されるような気がします。

五感は使わなければ退化します。そして五感が鈍くなると、感情や表情までもが乏しくなってしまうのです。

意識して「感じる力」を養うことは大切です。

化粧品の話をしていると、「何が必要なのかわからない」「自分に合う香りが見つからない」ともらす人はとても多いです。「この匂いはどうですか?」と尋ねても、好きか嫌いかもいえず、ただ首をかしげて沈黙してしまう人もいます。

こうした「感じる力」を取り戻すためにも、旅は絶好のチャンスといえます。

新発見!「ネイチャーメイク」

アリゾナ州セドナに滞在してつくづく感心したこと。それは、自然界がつくり出す色の美しさです。どっしりとした大地の「赤」、抜けるような空の「青」。

それらを私は「セドナ・レッド」と「アリゾナ・ブルー」と名づけました。

そしてこの町を形成している赤土は、まさに私がみなさんにおすすめしてきた「テラコッタ・カラー」(レンガ色)そのものだったのです。

美しい赤土のグラデーション。そこに映える空の青さ、草木の緑。大自然は私たちに多くのことを教えてくれます。

アメリカの国立公園は私の心を開放的にしてくれました。かつて主人ともよく車で旅をしました。

ボルテックス周辺を散策していると、テラコッタ・カラーの大地から鮮やかな黄色の花が顔を出しています。そこへ、どこからともなく、てんとう虫によく似た真っ赤な虫がやってきました。そのコントラストの美しいこと！

さらに、視線を遥か遠くに移せば、切り立った崖に地層がグラデーションを描いています。

思わず私は、こう叫んでしまいました。

「あぁ、山がメイクアップしている」

これこそが「ナチュラルメイク」だと確信したのです。

現在、美容の世界でいうナチュラルメイクとは、メイクをしていないように見せる、いってみれば存在感を消したもの。

でも、ここで発見したナチュラルメイクは、テラコッタ・カラーというベースがあるからこそ、原色やグラデーションが映える天然の化粧。いってみれば、自然界が教えてくれた自然の化粧、まさに「ネイチャーメイク」だったのです。

色というのは、温度の変化とともに変わっていくものです。それを無視して、見た目の好みだけでアイシャドウの色を選んでしまうから、夕方になると変色して顔色が濁ってくるのです。

ところが、テラコッタ・カラーという自然界の基本色をベースにすると、温度の変化に関係なくそこにのせたあらゆる色が、生き生きと見えてくるのです。

それはなぜでしょう。

空、草木、花、蝶、鳥、大地を見てください。自然界には鮮やかな色がたくさんあります。それらは、赤土の大地とうまく調和をしています。それを顔の上で再現すれば、不自然になりようがないのです。

さらに私は、赤土を手の甲に少しとって、こすってみました。すると、細かい粒子がすっと肌に溶け込み、時間がたってもくすむということがないのです。

「やっぱりテラコッタ・カラーは、私たちの肌をもっとも美しく見せてくれる色」

はからずもアリゾナの地で、私はこれまで自分が唱えてきたことを再確認することができ、これは私にとって大きな励みとなりました。

ところで、自然界に生きる動物は、求愛という意味からも、たいていはオスのほうが美しいものです。ところが人間は、女性の側が美しく着飾る生き物。いうなれば、女性が堂々と美を磨くことができるのは、人間の特権なのです。

だからこそ、私は女性には死ぬまで美しくいてほしい。

とりわけ不自然な色使いで、メイクアップならぬ、「メイクダウン」するようなことは、なさらないでいただきたいと思うのです。

テラコッタ・カラーに見事に映える自然の花々。
その鮮やかな色にとても感動しました。

持っていたアイシャドウと頬紅を赤土の上に置いてみたり、手に赤土を塗ってみたり。アリゾナの大地から多くのことを学びました。

セドナの町から「化石の森」へ
足を伸ばすと、そこも見渡す限
りのテラコッタ・カラーが広が
っていました。

テラコッタ・カラーをベースに
した頰紅とフェイスパウダー。
いかに自然の色に溶け込んでい
るかがわかります。

「ストーン・セラピー」初体験！

ほどよくあたためた手のひら大の石を、背中やお腹などにしばらく置いたあと、それを使ってオイルマッサージをするという「ストーン・セラピー」。セドナの町はこのストーン・セラピー発祥の地といわれています。

私にとっては初めての経験でしたが、体に熱を加えていくというのは、本当に気持ちのよいことだと改めて感じました。

そして、「たとえば石で体をこするのではなく、あの温まった石で体のツボ、たとえばおへそや、丹田、まぶたの上、足裏などに載せて圧力を加えてあげれば、また違ってくるだろうなぁ」などと、私なりのアイデアがわいてきたり……。

そして何よりも、セドナというパワースポットで施術を受けたのがよかったと思います。土地のパワーと石のパワー。これらの波動が重なることで、最大のリラクセーション効果が得られるのだと感じたからです。

私は旅に出ると、できるだけその土地ならではの体験をするようにしています。

「せっかくパワースポットに来たのだから、ジャクジーでもなく、アロママッサージでもなく、やっぱり石のエネルギーが感じられるストーン・セラピー!」という具合です。

食事に関しても、今回のアメリカ取材ではケンタッキー フライドチキン、バーガーキング、ピザハットという、アメリカが生んだ飲食チェーンに嬉々として向かいました。アメリカの青い空の下で食べる巨大なハンバーガーのおいしいこと! コーラなんて、ビールジョッキに入って出てきて、おかわり自由。最初は「こんなに飲めないわよ」といっていても、気づくと飲み干している。これが、アメリカという国。

何日もこれを続けたら間違いなく太りますが、それでもアメリカに来たのだから、「ジス・イズ・アメリカ!」というものを満喫したかったのです。

そうそう、ストーン・セラピーで施術をしてくれた女性、まだ若くて技術的には幼いのですが、それを丁寧(ていねい)さでカバーしていました。

リゾートホテルの中のスパというのは、ほとんどが一見(いちげん)さん。常連客になるということはまずないので、どうしても手を抜いてしまいがちなのです。ところがそのセラピストは、満面の笑みで迎えてくれ、ゆっくりとした英語で解説をしながら、最後まで一生懸命にマッサージをしてくれました。

もう一度、この地を訪れることがあったら、ぜひ彼女を指名したいと思っています。

私の旅の持ち物

化粧品メーカーに勤めていたころから、月の半分は出張で家を空けているという生活を送ってきた私ですから、はっきりいって、旅の支度には自信があります。

忘れものをなくすために、頭の先から足に向けて、順番に必要なものを揃えていく。そして洋服が決まったら、それに合わせてアクセサリーやソックス類をみつくろう。これが佐伯流の手順です。

化粧品に関しては、「備(そな)えあれば、憂(うれ)いなし」の精神で、多めにもっていくのが鉄則です。「足りないわ」というよりも、「あ、多すぎた」というぐらいのほうが安心でしょう。

とくに海外では自分が使っているものと同じものが店にあるとは限らないし、パッケージが違うので、何を買っていいのか、わからなくなってしまうこともあります。

ただし、荷物を少なくするために、このような工夫はしています。

レフィルのあるものは、レフィルだけをもっていく。旅先でのラップパックに使うラップは、ミニサイズのものを外箱を除いて持参。白粉(おしろい)は、コットンの間に白粉をはさんでつくる「粉コットン」を、必要な日数分だけもっていけば軽いし衛生的だし、途中で捨てることもできるので、帰りの荷物も減ります。

　また、化粧品店でもらったサンプルを旅行の日まで大事にとっている人がいますが、旅先ではサンプルではなく、ふだん使っている化粧品を使いましょう。なぜなら、いつもと違うライフスタイルによって、肌が過敏になることがあるからです。

　さらに、日差しの強い場所や乾燥した地域に行くときは、「出発前」「現地」「帰宅後」の3段階でケアをすることをお忘れなく。

　もっとも効果的なのは、ローションパックやラップパックなどの保湿ケアを行って、ひたすら肌を水分で満たすことです。


巾着袋や風呂敷といった和の小物は軽くて持ち運びに便利なので、旅先で重宝します。

ローションパック用のコットンや綿棒などは多めにもっていくように心がけています。

旅行中も紫外線予防に手抜かりがないよう、数種類の日焼け止めクリームを持参。

リセットはどこでもできる

大阪で暮らしていた40代のころ、神戸や京都によく、ひとりでぶらりと出かけていました。

特急に乗れば、京都までは40分あまり。のんびりと街を歩きながら、「あぁ、ここは主人と来たな」「ここに、こんなお店があったんだ」などと思いをめぐらせる。そして、お気に入りの喫茶店で、コーヒーを飲んで帰るのがお約束でした。

また、主人が亡くなってからしばらくは、東京・代官山の知人宅に居候をしていたのですが、そのときは古本屋さん目当てに神田や御茶ノ水などをよく歩き、途中でおいしいおまんじゅう屋さんを見つけたりしていました。また、千駄木まで足を伸ばしたときは、三味線屋さんや扇子屋さんなど、古くからの小さな商店が軒を連ねている風景を見て、昔懐かしい気分になったものです。

ちょっと街に出るだけでも、必ず何かしらの発見があるもの。これも、ひとつの「旅」です。

本屋さん、デパート、美術館……。何も無理に海外に出かけなくても、心のリセットはどこでもできます。そして、昨日まで知らなかったことを知るというのは、ものすごく楽しいことだと思うのです。

気持ちがうつうつとしていれば、肌まで病んできます。ストレスを溜め込まないよう、自分なりのリセット法をつくっておくのも、きれいの秘訣です。

これまで全国でお目にかかった大勢の女性、そしてお便りをくださる読者のみなさんのなかには、心に重い荷物を抱えておられる方がいらっしゃいます。それをいったん下ろして、心を解きほぐしてほしい。ご自身を解放してほしい。そして、新たな「きれい」への一歩を踏み出してほしい。

まさに「美容論は精神論」。

心が晴れれば、肌もおのずと輝きを放ち始めるのです。

【お問い合わせ電話番号】

1. 白十字
   ☎0120-01-8910
2. クラランス
   ☎03-3470-8545
3. シスレー
   ☎03-5777-4743
4. パルファン・クリスチャン・ディオール
   ☎03-3239-0618
5. ゲラン
   ☎0120-140-677
6. ミキモト コスメティックス
   ☎0120-22-6810
7. エタリテ（シャルレ）
   ☎0120-11-4860
8. エスティ ローダー
   ☎03-5251-3386
9. クリニーク
   ☎03-5251-3541
10. M・A・C
    ☎03-5410-1122
11. ヘレナ ルビンスタイン
    ☎03-6911-8287
12. SUQQU
    ☎0120-988-761
13. 資生堂
    ☎0120-81-4710

おわりに

「佐伯さんは64歳とは思えない肌ですね。でも、生まれつき肌がきれいだったんでしょう?」ときどき、このような言葉をかけていただきます。この場を借りて申し上げますが、決してそうではありません。

子供のころの私は、そばかすだらけ。女の子とおままごとをするよりも、男の子と一緒になって野山を暗くなるまで走り回り、鬼ごっこをしたり、蛙をつかまえたりするタイプ。私とは対照的に、おとなしい弟と比較しては、「神様は男と女を間違えたのではないか?」と、大人たちが言い出す始末でした。

そんな私の人生において、これまでに「美肌革命」が2度ありました。

最初は中学生のとき。母が愛読していた映画雑誌の中で出会った、オードリー・ヘプバーンという女優。小さな顔に愛くるしい瞳。さらに、白くなめらかな肌と、細いウエストをもつ、この世のものとは思えない美女に、私はたちまち魅了されたのです。

この日から、私の「改造計画」が始まりました。

日焼けを防ぐために、それまで所属していたソフトボール部から、室内競技である卓球部に変更。「ふたえになれ！ ふたえになれ！」と唱えながら、自分の手で一重まぶたの脂肪を散らしたり、オードリーの真似をして、サブリナパンツもはきました。

その甲斐(かい)あってか、いつしか私の肌の色は白くなり、大嫌いだったそばかすも、しだいに姿を消していきました。さらに、はれぼったかった目も、心なしかパッチリとしてきたのです。これが1度目の「美肌革命」です。

それから約30年後。最愛の夫をがんで亡くし、身も心も疲れ果てていた42歳の私の顔は、80歳の老婆のようでした。

「このままではいけない！」と一念発起をし、「お願いだから、元の肌に戻してください」と化粧品に想いを込めながら、日に3回も4回もローションパックをしたのです。

そして、「これなら、人さまの前に出ても大丈夫」と自分で太鼓判を押し、再び美容の仕事についたのが、45歳のことです。

いってみれば、これが私にとっての「新 美肌革命」。

さらに私の母はガーデニングが大好きで、年中、真っ黒に日焼けしていましたが、84歳で大往生する前の数年間、室内で静かに過ごすようになると、肌はどんどん白くなり、透明度を増していったのです。

「お母さんって、こんなに肌がきれいだったの？」と、娘の私が驚くほどでした。

肌は死ぬまで活性化することを、母は最後に教えてくれたのです。

「きれいになること」に定年はありません。女性はきれいにならなければ、絶対に損です。

さぁ、私と一緒に「美肌街道」を駆け抜けましょう。

2007年9月

佐伯チズ

佐伯チズ（さえき・ちず）

1943年生まれ。OLを経て美容学校、美容室勤務ののち、'67年、フランス化粧品メーカー、ゲラン入社。その後、渡米などを経て'88年、パルファン・クリスチャン・ディオールのインターナショナル・トレーニング・マネージャーに就任。2003年6月、クリスチャン・ディオールを定年退職後、エステティック・サロン「サロン・ドール・マ・ボーテ」を開業。現在は'04年10月に自らがプロデュースした東京・代々木の総合美容施設「ビューティータワー」内にサロンを構え、現役エステティシャンとして活躍中（問●ファクス／03-6406-0615 ●URL／ http://www.chizu-corporation.com）。また'04年末に「佐伯チズ　チャモロジー（魅力学）スクール」を開校。

著書には『DVD版　佐伯チズの「手のひら」スキンケア・メイク』『美肌革命』『美肌食』『美肌塾』『美肌の花道』『願えば、かなう。』『美肌生活』（以上、講談社）などがある。

2020.6.5. ALSのため76才で死去。2020.3月に診断された。元マネージャーにだまされて2億円の損失。水井真理子? 美容コンサルタント

講談社の実用BOOK

新 美肌革命 大人の女性の「素肌」と「心」の磨き方

2007年 9 月25日　第1刷発行

著者——佐伯チズ

装丁——鈴木成一デザイン室
カバー写真——高橋ヒデキ
静物写真——佐藤隆俊
ロケーション写真——上岡康子
イラスト——七観有紀
DTP——株式会社DNPアート

発行者——野間佐和子
発行所——株式会社講談社
東京都文京区音羽2-12-21 郵便番号112-8001
電話　編集03-5395-3530
販売03-5395-3625
業務03-5395-3615

印刷所——大日本印刷株式会社
製本所——株式会社若林製本工場

落丁本・乱丁本は購入書店名を明記のうえ、小社業務部あてにお送りください。

送料小社負担にてお取り替えします。

なお、この本の内容についてのお問い合わせは生活文化第三出版部あてにお願いいたします。

ISBN978-4-06-274262-7